晚清民國時期中國名勝古蹟圖集

龔鵬程敬題

晚清民国时期中国名胜古迹图集

CHINESE HISTORICAL SITES OF THE LATE QING DYNASTY AND THE REPUBLIC OF CHINA

第肆卷

全本精装版

VOLUME 4

江苏镇江　江苏句容　江苏无锡
江苏昆山　江苏上海　江苏嘉兴
江苏嘉善　江苏湖州
江苏苏州
浙江杭州
浙江余杭　浙江绍兴　浙江余姚
浙江宁波　浙江奉化
浙江鄞县　浙江普陀山

ZHENJIANG CITY OF JIANGSU PROVINCE
JURONG CITY OF JIANGSU PROVINCE
WUXI CITY OF JIANGSU PROVINCE
KUNSHAN CITY OF JIANGSU PROVINCE
SHANGHAI CITY OF JIANGSU PROVINCE
JIAXING CITY OF JIANGSU PROVINCE
JIASHAN COUNTY OF JIANGSU PROVINCE
HUZHOU CITY OF JIANGSU PROVINCE

SUZHOU CITY OF JIANGSU PROVINCE

HANGZHOU CITY OF ZHEJIANG PROVINCE

YUHANG DISTRICT, HANGZHOU CITY OF ZHEJIANG PROVINCE
SHAOXING CITY OF ZHEJIANG PROVINCE
YUYAO CITY OF ZHEJIANG PROVINCE

NINGBO CITY OF ZHEJIANG PROVINCE
FENGHUA COUNTY OF ZHEJIANG PROVINCE
YINXIAN COUNTY OF ZHEJIANG PROVINCE
PUTUO MOUNTAIN OF ZHEJIANG PROVINCE

[日] 常盘大定　关野贞　著
黄文溥　倪锦丹　译

图书在版编目（CIP）数据

晚清民国时期中国名胜古迹图集：全本精装版. 第四卷 /（日）常盘大定,（日）关野贞著；黄文溥，倪锦丹译. -- 北京：中国画报出版社，2019.6（2024.7重印）
ISBN 978-7-5146-1726-9

Ⅰ. ①晚… Ⅱ. ①常… ②关… ③黄… ④倪… Ⅲ. ①名胜古迹—中国—近现代—图集 Ⅳ. ①K928.70-64

中国版本图书馆CIP数据核字(2019)第049249号

晚清民国时期中国名胜古迹图集（全本精装版） 第四卷

[日] 常盘大定　关野贞　著　　黄文溥　倪锦丹　译

“十三五”国家重点图书出版规划
国家出版基金资助项目

策　　划：于九涛
项目主持：于九涛　齐丽华
本卷主编：张明杰
校　　译：佟　一
责任编辑：袁靖亚
封面设计：郑建军
责任印制：焦　洋

出版发行：中国画报出版社
地　　址：中国北京市海淀区车公庄西路33号　邮编：100048
发 行 部：010-88417418　010-68414683（传真）
总编室兼传真：010-88417359　版权部：010-88417359

开　　本：16开（889mm×1194mm）
印　　张：21
字　　数：100千字
版　　次：2019年6月第1版　2024年7月第3次印刷
印　　刷：三河市金兆印刷装订有限公司
书　　号：ISBN 978-7-5146-1726-9
定　　价：1980.00元（全十二卷）

作　者

常盘大定 (1870—1945)

日本宫城县人，研究中国佛教之学者。历任日本真宗中学、天台宗大学、日莲宗大学、真宗大学、丰山大学、东京大学等校教师。1920年以后五次来华，研究敦煌、云冈、龙门诸石窟及房山石经等佛教史迹。主要著作有《印度文明史》、《释迦牟尼传》、《中国佛教史迹》、《中国佛教史迹英文评解》五册(与关野贞合著)、《中国文化史迹》十二册(与关野贞合著)等。

关 野 贞 (1868—1935)

日本近代著名建筑史研究家，生前为东京大学工学部建筑学科教授。不仅在日本建筑史方面造诣很深，而且在中国、朝鲜等国的建筑与美术史研究界也享有盛名。曾多次到中国、朝鲜及印度等国实地考察，撰写了一批影响深远的考察报告和学术论著。主要著作有《日本的建筑与艺术》、《朝鲜的建筑与艺术》、《中国的建筑与艺术》、《中国文化史迹》十二册(与常盘大定合著)等。

译　者

黄文溥

男，1966年7月生，福建泉州人，获华东师范大学学士学位，北京外国语大学硕士学位，广东外语外贸大学博士学位。1995年至2001年在日本横滨国立大学(硕士)和大阪大学(博士课程二年)留学。现任华侨大学外国语学院副院长，教授，从事语言研究和翻译实践工作。出版专著《现代日语从句时态的研究》、译著《由汉文训读传下来的日语语法》，主持教育部人文社科研究规划基金项目1项，2016年获福建省第十一届社会科学优秀成果奖三等奖。

倪锦丹

女，1984年5月生，福建福清人，2006年毕业于华侨大学日语语言文学专业，2010年获北京外国语大学日本文学硕士学位。2013年进澳大利亚拉筹伯大学攻读博士学位，研究方向为“源氏物语与世界文学”。现任澳大利亚墨尔本大学中文助教。

目录

CONTENTS

镇江 ZHENJIANG CITY OF JIANGSU PROVINCE

句容 JURONG CITY OF JIANGSU PROVINCE

无锡 WUXI CITY OF JIANGSU PROVINCE

昆山 KUNSHAN CITY OF JIANGSU PROVINCE

上海 SHANGHAI CITY OF JIANGSU PROVINCE

嘉兴 JIAXING CITY OF JIANGSU PROVINCE

嘉善 JIASHAN COUNTY OF JIANGSU PROVINCE

湖州 HUZHOU CITY OF JIANGSU PROVINCE

ZHENJIANG CITY OF JIANGSU PROVINCE
JURONG CITY OF JIANGSU PROVINCE
WUXI CITY OF JIANGSU PROVINCE
KUNSHAN CITY OF JIANGSU PROVINCE
SHANGHAI CITY OF JIANGSU PROVINCE
JIAXING CITY OF JIANGSU PROVINCE
JIASHAN COUNTY OF JIANGSU PROVINCE
HUZHOU CITY OF JIANGSU PROVINCE

SUZHOU CITY OF JIANGSU PROVINCE

HANGZHOU CITY OF ZHEJIANG PROVINCE

YUHANG DISTRICT, HANGZHOU CITY
OF ZHEJIANG PROVINCE
SHAOXING CITY OF ZHEJIANG PROVINCE
YUYAO CITY OF ZHEJIANG PROVINCE

NINGBO CITY OF ZHEJIANG PROVINCE
FENGHUA COUNTY OF ZHEJIANG PROVINCE
YINXIAN COUNTY OF ZHEJIANG PROVINCE
PUTUO MOUNTAIN OF ZHEJIANG PROVINCE

江苏镇江

金山 | 江天寺

镇江西北有金山和银山，金山江天寺与焦山定慧寺并称为唐宋以来的名刹。江天寺通称金山寺，大概建于赵宋时代，亦有说法称建于晋代，但这种说法颇为可疑。不过，梁代就已经有水陆仪修建于此地。这里现在是陆地，而近代以前是一个岛屿。江天寺最初称为泽心寺。祥符五年（1012），人们将有寺之丘称为龙游。天禧五年（1021），丘称金山，而寺称龙游。政和四年（1114），寺废而改称为神霄玉清万寿堂。南宋初，复改为寺。其后，再三遭遇火灾。现在的殿堂乃清朝重建。明代以前一直称为龙游禅寺。康熙廿五年（1686），改为现名——江天寺。虽然有别名，但宋元明历代诗人都称它为金山寺，故金山之名闻名内外，而知道江天之名者寥寥无几（图1、图4-1）。

该寺的寺僧将梁代的志公看作开山祖。志公在南齐时代不过是以奇行吸引人们的注意，得到梁武帝赏识后，才突然名声大噪。当时的开善寺，也就是现在的钟山灵谷寺，是为了纪念志公而建造的，这是确凿无疑的事实。但是，金山以及宝华山也都把志公视为开山祖。此外，高座寺、鸡鸣寺等南京内外古刹也都或多或少与志公有关。志公的名声如此之高，可能是由于《临济录》《碧岩集》等的影响。志公原本有两个：一个是梁代的神僧宝志——一个带有禅机、飘泊难测的人物；另一个是陈代的大明寺宝志——一个将禅法传授给三论宗法朗的一般禅师。两人都住在金陵，且生活时代相连，故被人混淆。这就好像大明寺宝志慢慢地被藏匿起来，二者的所有事迹都逐渐集中于神僧宝志一样。

金山寺在佛教史上留有名声，原因在于宋代先是出了个达观昙颖，后来又出了个佛印了元。特别是佛印住于该寺一事使该寺一时间更加出名。寺中唯一的宝物是苏东坡玉带。东坡与佛印素有交往，据说两人曾在法门问答之际事先有个约定：佛印若输，则还俗当东坡的弟子；东坡若输，则解玉带献给佛印。最后，此事以东坡输而告终。清乾隆帝以此咏诗，题于四玉，送给金山寺。金山寺将它视为山门的骄傲。（常盘大定 文）

金山寺的现状（1920年11月21日）如下所述：

图 4-1 · 金山寺 · 全景

伽蓝前面首先有木造的三间坊，然后是五间（译者注:间是计算古建筑的单位，指古建筑物正面柱间的数量。相邻的两根柱为一间，因此，“五间”表示古建筑物正面立有六根柱）的天王殿。天王殿内，中央安放着弥勒，左右两边有四天王像，这与常规无异。天王殿没有斗拱，顶棚为砌上明造，构造极为简陋。

接下来是大雄宝殿。宝殿前面有月台，旁边有石栏围着。宝殿为五间五面（译者注:面是计算古建筑的单位，指一个古建筑物所带有的向外伸展的房檐或厢房的方向的数量），重檐，斗拱为平身科。内部正殿的天棚为格子状，甬道的斗拱与日本镰仓圆觉寺所使用的斗拱样式相似。圆觉寺的斗拱样式是从宋代传来的。虽然金山寺大雄宝殿属近世重建，但彼此形式之所以相似，是因为两者都继承了宋代遗制的缘故。

高大的佛坛上，中央安放着释迦像，东西两边有药师和弥陀像。释迦像左右两旁有两尊罗汉。此外，殿内左右两侧排列着十八罗汉像。

大雄宝殿的东侧有客堂五观堂，重檐，前面悬挂着磬和鱼板，里面是斋堂，摆放着饭桌。

大雄宝殿的后方高地上有藏经楼。藏经楼由明代侍郎周沈所建，里面藏着正统年间御赐的藏经。重檐歇山顶。屋顶上铺着瓦，还有样子奇特的正吻，有安放着神将像的旁吻，有翘得很高的下端屋脊与檐，下端屋脊上还有兽形的装饰物。这些都是中国南方建筑的特色（图 1、图 2-1）。

藏经楼西北方向的最高处有七层塔。七层塔虽然属于近世重建，但它是该类型最完整的样本。塔呈平面八角形，各层以砖筑成厚壁，内有木阶可以通往最高层。第一层四周围着开放式的木制外廊;不用斗拱，只用象形的托架支撑着檐檩角。顶棚由拱形的椽子架起来，为砌上明造。第二层以上，每个角落都用向外凸出的梁木架住檐檩角，用铁柱支撑着梁。塔檐使用上下两层椽子，打上椽头板，各层四周围着高栏。塔盖铺瓦，塔顶上有铜相轮，用铁锁系于塔角。各层塔檐往上翘得很高，轮廓轻快奇异，与北方厚重的多层塔相比，形成鲜明的对照。根据目测，塔高约有一百五十尺左右（图 1、图 2-2、图 2-3）。（关野贞 文）

寺内原来有宋代慈寿塔和明代多宝塔，现在已经没有了。

寺后有一亭，估计是宋代吞海亭的余影（图 2-2）。传说吞海亭当时是相对于焦山吸江亭而建造的，可是名称古怪，曾被有识之士讥笑。然而，映入眼帘的佳景，应该不会负于吸江亭。（常盘大定 文）

图1·金山寺(江天寺)·藏经楼和七层塔

帝

图 2-1 · 金山寺(江天寺) · 藏经楼屋顶

图 2-2 · 金山寺（江天寺）· 吞海亭和七层塔

图 2-3・金山寺(江天寺)・七层塔细部

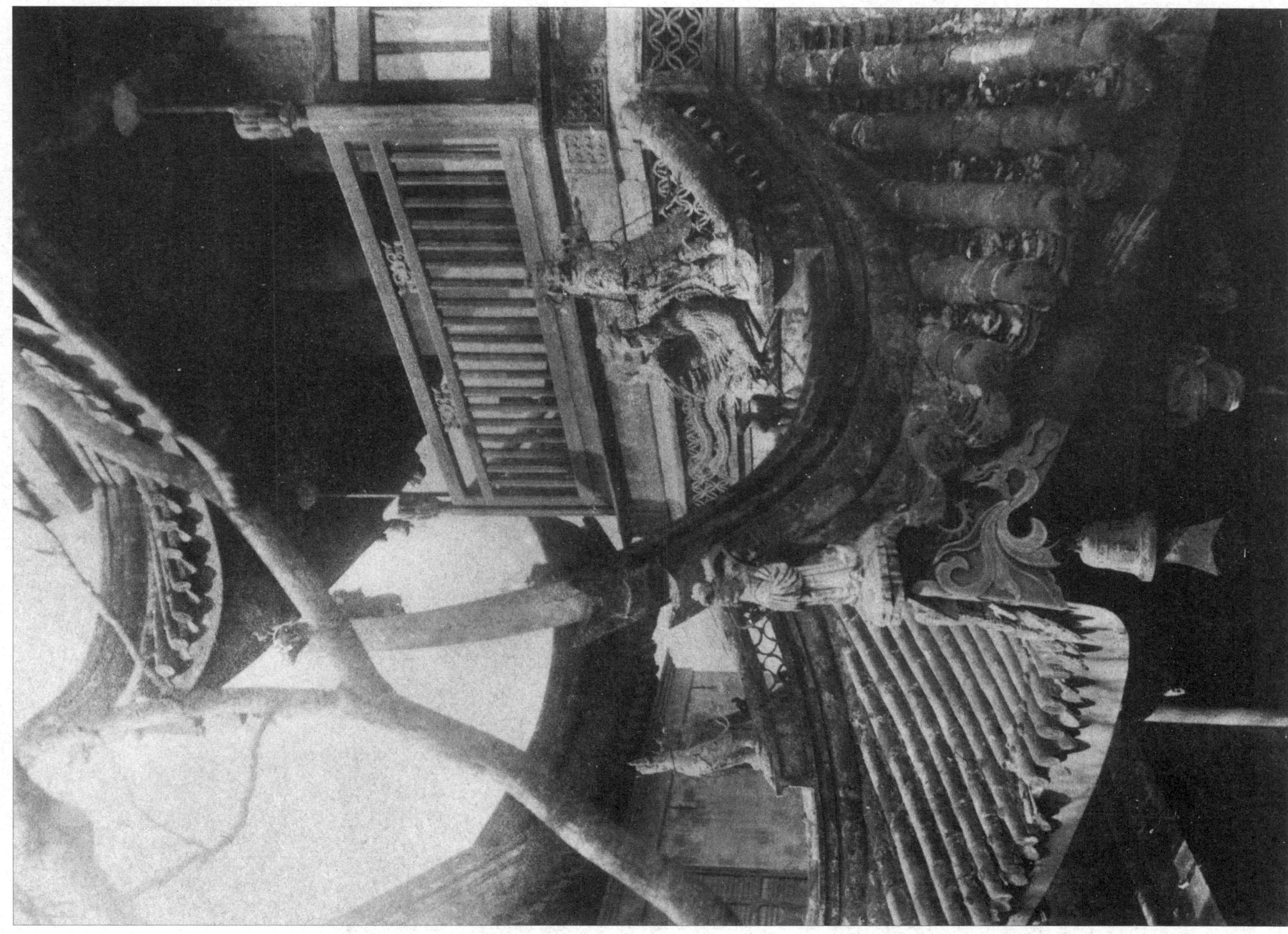

甘露寺

甘露寺位于北固山。据说该寺由三国时代吴王皓所建。不过，寺的创建者是唐代李德裕的说法较为可信。宋元之交，寺屡次被焚毁，现存的甘露寺乃明代修建。甘露寺本来是佛寺，而现在以旅游胜地著称，中心的殿堂都是道教样式。据传，寺内原来有梁代铁镬，还有宋代陆探微画的菩萨和狮子，现在都没有了。位于山崖上的伽蓝，背临长江，雄伟壮丽。而能称得上属于佛教式建筑的，仅剩下东北边崖畔上的一座铁塔。该铁塔每一面都刻有佛菩萨，姿态形状值得一看。据传，铁塔由唐代李德裕初建，宋代焚毁，裴据改建，明代又重建，清同治七年（1868）塔顶半夜折断（图 4-2）。（常盘大定 文）

铁塔原来有十三层，现在只剩下最底下两层。铁塔为平面八角形，第一层每面宽有二尺一寸，高约十三尺。台基最底层铸有波涛形状，其上又有两层铸有山岳形状，上薄下厚。再往上为台基的细腰部，每一面铸有天部坐像的阳文。其上有两层重叠的托架，支撑着第一层的大塔身。下层托架各面有双鸟浮雕，上层托架各面有双龙浮雕。

第一层塔身在托架上。四面建有带拱卷（译者注：日语原文为“華頭”，或译为“花头”。“華頭窓”指有尖头曲线轮廓的窗户，又称“火灯窗”。以下，“華頭窓”译为“拱卷窗”）的出入口，门口左右两边立有菩萨像。门旁的侧面分别铸有释迦、两罗汉、二天的阳文，上面有两飞天。柱顶横穿板与脊穿板之间，排列着九坐佛，每一面都是如此。斗拱为出二跳，斗拱之间各有三佛。塔檐由上下两层椽子构成。

第二层四周环绕着椽子，由出二跳平座斗拱支撑着。塔身、四面出入口及其左右的两菩萨像，均与第一层相同。但是，门旁的侧面为平板，没有雕像。第二层塔盖及上面的第三层平座斗拱也都与下面的相同。

铁塔制作年代不明，从样式判断，应该是宋初以前的。作为铸造品，其技巧颇为精致富丽。其中有两层据说在清朝折断了，现在在山崖下不同的地方弃置着（图 3）。（关野贞 文）

图 4-2 · 甘露寺 · 全景

图 3・甘露寺・铁塔

焦山 | 定慧寺

焦山名称的来源与汉代隐士焦氏住于此地有关，岛中有祭祀隐士的祠堂。定慧寺是一座巨刹，其建置繁多，难以枚举。该寺建于唐代，元代毁于兵燹，明代重建。寺名原来称为普济禅院。宋代佛印了元曾住该寺，这使其一度声名远扬。定慧寺的匾额是康熙四十二年御赐的（图 5-1）。

大雄殿三尊的中心是释迦，药师和弥陀分列左右（图 5-2）。大雄殿的背后是毗卢殿，上面挂着藏经楼的匾额。这两殿是定慧寺的主体，前后左右有回廊、方丈、客房和别殿等。定慧寺不仅规模宏大，而且整顿得十分有序。石劖随处可见，上面的刻文表明该寺是宋元以来文人墨客游览的胜地。岛中最高处有吸江亭，在亭上可以眺望周围的山川。吸江的名称来自于一个典故:唐代庞居士参马祖时，问马祖:“不与万法为侣者，什么人？”马祖答道:“待汝一口吸尽西江水，即向汝道。”居士于言下大悟。

寺中值得一睹之物有三个:其一是瘗鹤铭，其二是周鼎，其三是道德经幢。道德经幢造于唐代广明元年（880），端方所寄，《语石》卷四记载道:该幢从高邮夏氏移置于此（图 6-1、图 6-2）。（常盘大定 文）

图 6-3 是瘗鹤铭断碑。《金石萃编》卷二十六记载道:“碑高八尺，广七尺四寸，十二行，每行二十三字，或二十五，字不等正。行书，左读，今裂为五，在丹徒县焦山西南观音庵。”后面记录着华阳真逸撰写的铭文。铭文序中有“鹤寿不知其纪也”和“故立石旌事，篆铭不朽”的文字。关于这个铭文，欧阳修在《集古录》中发表了见解，以后又有许多研究。欧阳修说:“《润州图经》以为是王羲之书，字亦奇特，然不类羲之笔法，而类颜鲁公，不知何人书也。华阳真逸是顾况道号，今不敢遂以为况者，碑无年月，不知何时。”《金石萃编》列举了其后的二十家之说后，作者王昶说:“或谓为右军书者，盖缘黄文节公诗有‘大字无过瘗鹤铭，小字无过遗教经，似两书皆出右军’，故后人亦多袭其说耳。”王昶将书写时间看作梁代，暗示着他将它看作陶弘景之书。（常盘大定 文）

断碑照片转载自《亚细亚大观》，1931 年摄。

图 5-1 · 焦山 · 定慧寺 · 大雄殿

觀空叅水月錫飛還傍鶴銘邊

图 5-2 · 焦山 · 定慧寺 · 大雄殿内二尊

图6-1·焦山·定慧寺·道德经幢

图6-3·焦山·定慧寺·瘗鹤铭残碑

图 6-2・焦山・定慧寺・道德经幢拓本

江苏句容

茅山

茅山又称句容山，在南京东南方向一百二三十里处，是道教的一大中心地，与江西龙虎山并肩齐名，自古以来广集民众之归信。西汉元帝的时候，咸阳茅盈、茅衷、茅固兄弟三人千里迢迢来到此地，学道成仙，此地因此获得茅君山之名。句容这个地方，汉末出了个葛玄，晋代又出了许迈和葛洪，因此它对于仙家而言，极其重要。此外，晋太和元年句容许长史于此地建宅，刘宋初长沙景王于此地起道士精舍，该精舍开了道观建筑之先河。至梁代天监十三年，精舍敕改为朱阳馆。该馆在西边为陶弘景筑造隐居处之后，更是驰名天下。朱阳馆又称华阳馆，因陶弘景的缘故而称华阳隐居，或称陶隐居。陶隐居既是兼通道、佛两教的学者，又是个教家，故深得武帝的信任。每有大事，武帝便派遣使者询问其意见，因此世人称他为山中宰相。据传，陶隐居建造道佛二堂，隔日朝礼。然而，佛堂中有像而道堂中无像。北魏昙鸾法师欲得长生之法，远道来到金陵，见武帝面陈其意。武帝宽容待之，说道："彼乃傲世遁隐者，屡征而不来，任其随意往。"法师于是致书通问，来到此山。陶隐居欣然接待，以仙经十卷酬其远道而来之心意。昙鸾千里迢迢深入敌国求得仙经，该仙经虽然没有给法师带来直接的利益，但是他远道来此求仙经，对于生具有如此的欲望，为之付出如此的努力，这也成为让昙鸾得到再生无量寿的机缘。

南北朝时代，道、佛两教之间有过大冲突，也有过互相模仿和学习。在这个时期，道教出现的杰出人物，北方有寇谦之和张宾，南方有陆修静和陶弘景。寇谦之为南北朝初期北魏废佛事件的中心人物，而张宾是南北朝末周武帝废佛事件的领头人。陆修静和寇谦之两人恰巧都同时在南朝的宋，而陶弘景在南朝的梁，早于张宾。关于寇谦之，我们将在介绍嵩阳中岳庙时谈及;而关于张宾，我们将在介绍房山石经时谈及。陆修静为虎溪三笑之一，其文章颇有名声，我们将在介绍庐山简寂观时谈及。关于陶弘景，笔者于1922年2月冒着风雪探访其遗迹。我们在此

图7-2·茅山·九宵宫

可以对道教史上的重要人物作一个点评：从赋予宗教以生命这个角度来看，应该把汉朝张陵看作开祖，而从对道教进行整理、使其更具有实力这个角度来看，应该把寇谦之看作中兴祖师。这两人使道教成为一股社会势力。而给道教赋予圣典、加入教理的则是晋代葛洪、宋代陆修静以及梁代陶弘景等南方学者。这其中，我们需要特别肯定陶弘景的功绩。

之所以立志要探查茅山，除了希望考察道教中心地的现状以及探访陶弘景的遗址之外，还希望对佛教遗迹进行尽可能的考察。从与佛教相关的人物来看，这里是陈隋时候明法师隐遁之地，明法师出自三论宗法朗之门，最能传师之面目。这里也是唐代牛头禅开祖法融之师——炅禅师所住之地。我是怀抱着看到这些遗迹的希望而前去探访的。

茅山有三峰，分别称一茅峰、二茅峰和三茅峰。九宵宫在一茅峰顶上，是元代延祐三年敕建的圣佑、德佑、仁佑三观之一的圣佑观，明代改称为九宵宫（图7-2）。九宵宫的周围有六院。走下九宵宫，来到无梁殿。无梁殿现在（1922年2月2日）已经荒废，里面有刻着大明律的明碑，外面还有一块明碑，上面刻着禁止妇女登山的法令，除此以外，再无他物。可见诸行无常之风也毫不意外地刮到了茅山。

与一茅峰北边相连的是二茅峰。二茅峰中的积金山南面有印宫。得此名是因宫中藏有玉玺，而本名为元符万宁宫。这是宋代藻真观妙冲和先生刘混所住之地。哲宗皇帝诏令在此处建元符观，徽宗皇帝改为宫，加赐万宁之号。印宫规模宏大，背后陡坡上有堆积如山的废址，它们诉说着元明时代曾经有过的兴隆（图8-1、图8-2）。

积金山南方，隔溪对面的山峰上有三个洞，名为仙人洞、罗姑洞和华阳洞。其中，华阳洞最大，岩面石刻颇多。华阳洞有两个，一个在南，一个在西，而这里是闻名遐迩的华阳西洞（图7-1）。《茅山志》对于该洞这样记载道：“东岭华阳西洞，入数丈，渐狭小，不复容人，乃飕飕而有风。累朝金箓，投龙简于此。”积金山的西边，原来有华阳宫。根据记载，此地为陶隐居的上馆，有陶隐居的丹垆遗址，还有丹井。然而，现在已无法找到。据说隐居在茅山置三馆，自己居上馆，弟子居中馆，下馆用于接待宾客。积金山上有元符宫，因此，毫无疑问这里就是陶隐居的故址。然而，经过历代变迁，现在遗迹已经荡然无存，古碑等物当然也不见一个。有记载道：明英宗洪武十六年和神宗万历四十一年曾印成道藏，颁赐元符宫。因此，显而易见，明代元符宫正是茅山的中心。这里成为茅山中心，应该是在陶隐居以后，而现在只以北边的乾元观为隐居的遗址，而积金山与隐居的关系则被人们忘却了。

二茅峰的德佑观为元代敕建，而现在翻建成新，没有任何值得一看的古迹。这里祭祀着汉代二茅君，唯有这一点可以让人心生敬意。连为我抬轿的轿夫都不知道这是什么地方，可见它衰败到何等地步（图9-1、图9-2）。此外，还有白云观和三茅峰，然大体情形可以推知，于是我便没去访三茅峰。

爬下二茅峰到一处平地，越过一条溪后，北边一峰郁冈上有乾元观。乾元观是宋真宗皇帝为国师观妙先生朱自英敕建的，庭院里有“幽光显扬之碑”，记载着朱自英的传记（图13）。乾元观以大罗殿为中心（图10-1、图10-2）。殿里有道教三尊——元始天尊、太上道君和太上老君（道德天尊）（图11-1、图11-2）。殿的右方有三层楼，上题松风阁，上层有陶隐居之像，阁的右方有大客殿，客殿内有康有为书写的“辛夷馆”三个字，庭院有木莲，据说这是陶隐居亲自种植的（图12-1、图12-2）。时值严冬，寒气逼人，滴水成冰，笔者不能很好地将“幽光显扬之碑”拓下来，文字只是勉强可辨。

郁冈是梁武帝为陶隐居建的斋堂，故将它视为隐居的遗址，应该没有问题。

这一带以三茅山为中心的山脉，就是史上有名的句容山。山形是“巳”字形，绵亘一百里，故又称句曲山。周围一百五十里的洞虚，群山环绕，洞虚称为金坛华阳之天，古来被道教人士视为圣域。此山之所以成为天下名山，是因为陶隐居隐栖的缘故。陶隐居三十七岁时辞官，于永明十年隐居入山，住于中茅岭上华阳馆和积金东涧。自天监七年到十二年的七年间，移居永嘉楠江青嶂山、海岛霍山和木溜屿。天监十三年回茅山，住于赤涧、华阳馆和郁冈斋室里。大同二年，以八十一岁高龄殁于华阳馆。因此，值得一访的隐居古迹，应当是积金东涧的华阳观和郁冈乾元观。于是，笔者来到了茅山，虽然寻到了陶隐居的遗址，可是山中没有寺院，因此陈代的明法师、唐代的炅禅师的遗址已全然不见痕迹。法师和禅师的住处，就算在当时可能也不是特别引人瞩目，无非是普通的兰若而已。若继承者当中不出现一些大人物，则湮灭也是理所当然的事情。（常盘大定 文）

图 8-1 · 茅山 · 元符万宁宫前墟

图 8-2・茅山・元符万宁宫后墟

图7-1·茅山·华阳洞

图 9-2 · 茅山 · 二茅峰 · 德佑观前景

图 9-1 · 茅山 · 二茅峰 · 德佑观门

图13·茅山·重建乾元观碑记拓本

图 10-1 · 茅山 · 乾元观 · 大罗殿

图 11-1・茅山・乾元观・大罗殿内三天尊之二

图 11-2・茅山・乾元观・大罗殿内三天尊中道德天尊

图 12-1・茅山・乾元观・松风阁

图 12-2・茅山・乾元观・传说陶弘景亲手种植的木莲

图 10-2 · 茅山 · 乾元观门

宝华山

栖霞山之东、龙潭之南大约十五里外有宝华山慧居寺。慧居寺是南山律宗的根本道场，山中律制颇为严格，容不得半点儿触犯，这是其他寺院无法比拟的。寺内平常有一千多僧尼。据传，该寺是梁代宝志大士的遗址。由于远离尘世，曾一度化为荒芜。至明万历年间，有妙峰者，安大士像，奉敕建圣化隆昌寺。清顺治二年，有见月律师者，立戒坛。康熙四十二年，御赐慧居寺之敕额。山顶堂宇，以大雄殿、毗卢殿、无梁殿等为中心。据说寺内建筑大大小小有七十栋，其规模之宏大由此可见一斑。外门有榜，上面写着“律宗第一山”。宝华山为南山律宗，山中的僧人自认为在四百余州中，唯有此山具有律宗之名。守一《诸家宗派》记载道:“自终南山道宣为第一世，十三世传至金陵古林庵慧云如馨，馨传三昧寂光，为宝华山第一代。”由此可知，宝华山作为律宗的道场起始于明末三昧寂光。

三昧寂光是瓜州人，生于明末，年二十一在阿弥陀庵出家，从学于华严宗的学匠雪浪洪恩，遍参名宿。以后，拜南京古林庵慧云为师，受具足戒，有接触到优婆离尊者现身的信念，并以律宗弘通为一生

图 14-2·宝华山·慧居寺·大雄殿庭

的誓愿。其后，他在九子峰、司空山、衡山等名山修道，移锡秣陵，最终在宝华山建立律宗大道场。其道誉震动明朝朝野上下。至清朝，康熙帝闻知，召他至京师，赐国师称号，而三昧寂光却固辞不受，只是对着文武百官作大狮子吼。其著作有《梵网直解》。嗣其后者有见月读体。读体在慧居寺建立戒坛，著有《毗尼止持》《毗尼作持》《毗尼关要》等著作。新兴的律宗到此大功告成。律宗以南山道宣为高祖，慧云如磐为太祖，三昧寂光为中兴第一祖，见月读体为第二祖，现在已传到第十八世。

笔者于1920年12月20日拜访此地时，山中的僧徒约有四百人左右。执教的师父立于大雄殿廊下，集合僧尼大众到殿庭内，以团队式的训练法，教授看经，传授作法（图14-1、图14-2）。

在毗卢殿内的阁上，西边安放着毗卢遮那如来，规模虽小，却是按照《梵网经》的经意设立的。大、中、小三尊释迦，构思巧妙，颇为罕见（图14-3）。（常盘大定 文）

图14-1・宝华山・慧居寺・大雄殿庭

图 14-3 · 宝华山 · 慧居寺 · 毗卢殿内毗卢遮那佛

江苏无锡

东林书院

东林书院在无锡城东隅，由宋代硕儒杨龟山所立。书院规模虽小，却是明代东林党的发源地（图25-1）。该书院现在（1921年6月3日）被当作省立第二高等小学的教室使用。

无锡自古以来名贤辈出，离城半里外的后山有许多乡贤的祠堂。与高樊龙（译者注:应为“高攀龙”）一起在东林书院讲学，被尊称为东林八君子之冠的顾端文公宪成的祠堂也在其中。（常盘大定 文）

图 25-1 · 无锡 · 东林书院

江苏昆山

昆山塔在昆山即马鞍山顶上。马鞍山为洪杨之役时戈登将军据守之地。游客站在山顶上，城内景观可尽收眼底。昆山塔大概就是凌霄塔（图25-2）。《江南通志》卷四十四、苏州府寺观下这样记载道："华藏寺在昆山县马鞍山顶。后有凌霄塔。旧在山之北麓，明洪武十三年移建于此，为上方贤首讲寺，改今名。凌霄塔梁天监中创建，旧止五级，万历间重修，增级七。"

马鞍山东南麓有刘龙洲之墓，刻着"宋庐陵处士龙洲刘先生之墓"的文字（图25-3）。现在（1921年6月22日）它逐渐不为世人所知，连一个为它打扫青苔的人都没有。（常盘大定 文）

图25-3·昆山·刘龙洲墓

图 25-2 · 昆山 · 大塔

江苏上海

龙华寺

《同治上海县志》卷二十一（译者注:应为《同治上海县志》卷三十一）对龙华寺这样记载:龙华教寺在黄浦西，名龙华村。相传，寺塔建于三国东吴赤乌十年（247）。唐嗣圣四年（?）创殿、后废。吴越忠懿王夜泊浦上，见草莽中祥光烛天，遂命大盈庄务将张仁泰重建。宋治平间（1064—1067）赐额“空相”。元季（1367）毁。明永乐中（1403—1424）重建。成化十六年（1480）修。嘉靖四十三年（1564）僧苔林重建。万历间（1573—1619）正殿圮，四十六年（1618）张所望创修。明末（1643）陆镒复修。国朝顺治四年（1647）僧韬明复新。康熙间（1662—1722）相继重修，年久倾圮。咸丰三年（1853）僧观竺募建。十年（1860）为贼毁，复募建后殿及钟鼓楼，云云。

该书的夹注根据前志记载道:万历间，萧太后颁藏经七百十八函，赐僧达果金环紫衣、护藏。慈圣敕谕并赐其徒理圆银环紫衣、护藏如其师。又赐范金千叶宝莲毗卢佛一、金彩，给幡十丈、日月锦幡二、镂铜器五，敕赐为大兴国慈华禅寺。寺前有龙华塔。据《云间志略》云:塔为文笔峰，修之则邑中多中式者。山门外有二井，曰龙井。一清一浊，大旱不涸。宋空相寺碑，仅存残石，字不可识，唯篆额尚全耳，云云。

该书记载龙华寺创建于三国，这不可信。或许在唐代有庵室之类的建筑，而作为寺院，应该是在吴越王时代才出现的。现存的建置属清朝以后之物。

寺域广阔，建置整备，比邻难觅其俦。有人认为，龙华寺是曹魏时代康僧铠翻译《大无量寿经》的地方。不知这种说法有何依据。魏吴两地，有天地之差。1922年2月8日笔者常盘大定实地考察此地时，寺院被用作军营，禁止常人入内（图26-1）。登上门外的塔俯瞰寺内，只见恢宏堂皇的大咖蓝，设施全部是新建的，看不出里面有什么古碑保存着。寺前有塔，《上海县志》称之为龙华塔。这是八角七层木制的塔，是附近一带最为常见的塔。塔盖的尖端部向上弯曲，这是清朝以后特别是南方常见的设计（图26-2）。（常盘大定 文）

图 26-2・上海・龙华寺八角七层塔

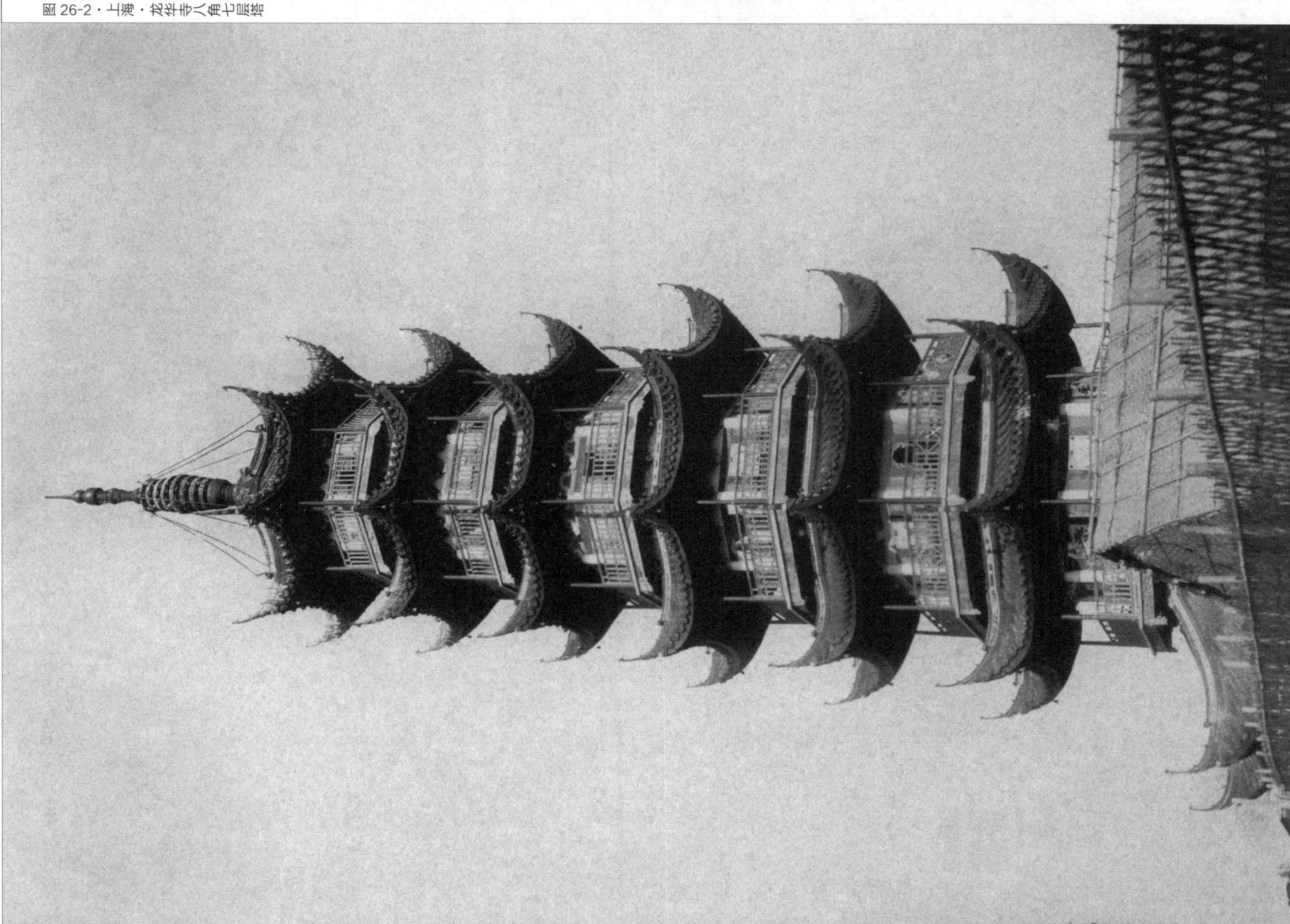

图 26-1・上海・龙华寺全景

白云观

白云观在上海城内(图 27-2)。

观内有藏经阁和三清殿(图 27-1)。笔者常盘闻知该寺藏有道藏，特于 1922 年 2 月 8 日造访之，但愿能够一饱眼福，然而据说是敕封因而不容他人观览。笔者只得在三清阁前和一位道士拍一张照片留作纪念，满怀遗憾离去。

可能是由于白云观刚建的缘故，《上海县志》和《续上海县志》都没有言及。(常盘大定 文)

图 27-1・上海・白云观三清殿

图 27-2 · 上海 · 白云观前

江苏嘉兴

陶朱公故里

范蠡故宅在嘉兴，宅壁上写着“陶朱公里”，有苏东坡、黄庭坚的法帖（图28-1）。周围一带现在（1921年6月17日）为女子师范使用。

《敕修浙江通志》卷四十一引用秀水县志，对范蠡宅记载如下：“在县治西南二里外的金明寺，相传为范蠡故宅，有碑，刻‘陶朱公里’。”如此记载后又附加道：“谨按，范蠡故居本不可考。后人因范蠡湖之名，遂牓为陶朱公里。”该书卷四十二引用《弘治湖州府志》记载道：“德清县蠡山旧传范蠡故居在焉。”该书卷四十四还引用《于越新编》记载道：“范蠡宅在诸暨长山侧，今为翠峰寺。”又引用吴处厚的《诸暨净观院碑》写道：“据传，陶朱公俗传诸暨人，今净观院其故居也。其乡曰‘陶朱井’，曰‘鸱夷’。”《江南通志》卷三十一记载道：“范蠡宅在长洲县太湖包山。任昉的《述异记》云：‘洞庭湖上有钓洲，蠡尝乘舟至此，遇风止钓，于上刻字记焉。’《洞庭记》云：‘在杜圻洲马迹山南方十里，多桑苎菜果。’”如此这般，有关范蠡故宅，存在着许多不同的说法。以陶朱公之富，其故宅或者不止一二。但对于嘉兴宅址，至少在有识者之间有异论。（常盘大定 文）

图28-1·嘉兴·陶朱公故里

朱买臣墓

朱买臣墓在嘉兴县东三里外的东塔讲寺内。明代嘉靖建碑。现在（1921年6月17日）四面长满荒草，东塔在蓝天下茕茕孑立（图28-2）。

图 28-2 · 嘉兴 · 朱买臣墓

江苏嘉善

曝书亭

曝书亭在嘉兴王店，乃朱彝尊(竹垞)故宅，潇洒小邸，幽雅之趣，尤为适意。诸桥辙次博士在《游中杂笔》中写道:1921年6月18日，欲访曝书亭，却没有寻着。后来在一个陌生中国人的引路下，终于如愿以偿(图28-3)。《嘉兴府志》卷十五关于国朝朱太史第记载道:在嘉兴县梅会里，有秀水朱彝尊之居。朱彝尊避兵，屡次迁家。顺治十四年，卜居于里中荷花池之阳，其厅曰潜采堂。堂西有竹垞。康熙三十五年，池的南边建曝书亭，后以此名其文集。(常盘大定 文)

图 28-3・嘉善・曝书亭

江苏湖州

守先阁

守先阁在湖州，图 28-4 是陆心源藏书处，现在(1921 年 6 月 19 日) 尚有一些图书。诸桥辙次博士在《游中杂笔》中写道:陆氏长子纯伯现在在北京，次子在上海。纯伯之子在孙衙河，家在华六桥。而湖州为颜真卿、苏东坡任太守之地。此外，这里古为梁代沈约、近为清代俞曲园的诞生地，城门霸王门是项羽的遗迹，云云。（常盘大定 文）

图28-1、图28-2、图28-3、图28-4是诸桥博士拍摄的照片。

图 28-4 · 湖州 · 守先阁

江苏苏州

SUZHOU CITY OF JIANGSU PROVINCE

ZHENJIANG CITY OF JIANGSU PROVINCE
JURONG CITY OF JIANGSU PROVINCE
WUXI CITY OF JIANGSU PROVINCE
KUNSHAN CITY OF JIANGSU PROVINCE
SHANGHAI CITY OF JIANGSU PROVINCE
JIAXING CITY OF JIANGSU PROVINCE
JIASHAN COUNTY OF JIANGSU PROVINCE
HUZHOU CITY OF JIANGSU PROVINCE

SUZHOU CITY OF JIANGSU PROVINCE

HANGZHOU CITY OF ZHEJIANG PROVINCE

YUHANG DISTRICT, HANGZHOU CITY
OF ZHEJIANG PROVINCE
SHAOXING CITY OF ZHEJIANG PROVINCE
YUYAO CITY OF ZHEJIANG PROVINCE

NINGBO CITY OF ZHEJIANG PROVINCE
FENGHUA COUNTY OF ZHEJIANG PROVINCE
YINXIAN COUNTY OF ZHEJIANG PROVINCE
PUTUO MOUNTAIN OF ZHEJIANG PROVINCE

虎丘 | 云岩寺

苏州城外西北八里处有一座巍然耸立的大塔，这就是虎丘云岩寺（图15），或称虎阜寺、武邱寺、东山寺。现在使用云岩禅寺的名称。东晋咸和二年（327），司徒王珣及其弟王珉弃别业而为精舍，竺法汰的高徒道一为开基。道一的同门竺道生赫赫有名。传说，道生曾对着顽石讲《涅槃经》，竟然令顽石点头应和。道生出自竺法汰之门，学于庐山。罗什来长安后，道生远道进长安，随他学法，南归之后，住南京龙光寺，此事远近闻名。道生天资聪慧，才思敏捷，因为不满当时学界守文拘义，反对一般教界的三重之悟，提倡顿悟成佛义，因此受到教界的责难。所谓顿悟成佛，是指悟证之上无阶级。法显三藏带来的梵书——《涅槃经》初分六卷被翻译时，道生将经中一切众生悉有佛性之道理彻底化，提出阐提成佛义，结果遭到教界驱逐。所谓阐提，是指断绝一切佛性之人。道生当时于四众之中正容誓曰："若我所说背于经义者，请于现身即表厉疾。若与实相不相违背者，愿舍寿之时据法座。"言罢拂袖而去，来到了云岩。顽石点头的故事就是发生在此时。以后，人们在北凉看到昙无谶翻译的四十卷《涅槃经》，果然里面有阐提也有佛性之义，道生名气因此一时高涨。道生背负舆望，被推选讲说涅槃，讲说结束时，在法座上端坐圆寂。这刚好应验了他当年的誓言，因此，他在佛教史上名声如雷。

云岩寺在虎丘左边。其现状（1922年2月9日）为：寺前有池，寺后有大砖塔，池边有石幢和石塔。大砖塔破损程度颇深，而且倾斜严重，靠近它都会令人胆战心惊，更不要说登塔了。据文献记载，该塔创建于隋代仁寿年间（601—604）。不过，它和其他许多古建筑一样，应该是建于宋代。云岩寺的创建与东晋竺道一曾住于此有关。以后，刘宋昙谛、梁代僧若、隋代智聚、唐代智琰、法恭、僧瑗等历代学者都住过此寺。至赵宋时期，临济宗扬岐派绍隆（1077—1136）立法幢于此寺，寺门极其繁荣。大塔的建立可能是这个时代以后的事。该寺明朝宣德年间（1426—1435）被烧毁，正统年间（1436—1449），由巡抚周忱重建。（常盘大定 文）

大砖塔八角七层，各层由下往上逐级递减的幅度较大，轮廓刚健。每层每面都开着拱券窗，以出二跳斗拱支撑塔檐，塔檐用砖叠出而成。其上再以出二跳斗拱支撑着回椽模样的东西，然而现在扶栏已失。当初在砖筑上抹漆灰处，已有一半剥落，只是行迹尚存（图17-1、图17-2）。（关野贞 文）

寺前低地水池是本寺千载纪念之物，池中有石头，由两段重叠而成。这便是点头石。池畔有壁立的巨岩，呈两段台形。岩石上面，用篆书刻着"生公讲台"，表明这里就是道生向顽石讲《涅槃经》的地方（图17-2）。岩石旁有一小阁，阁内安放着吕祖及陈希夷的石刻。阁是近代新建的。

阁的前庭有石幢，幢身刻着八角陀罗尼，立于巨

岩上。这是有周代显德五年（958）高阳许氏建千人石上佛顶尊胜陀罗尼幢的记载之物（图16-1、图17-1）。长长的八角幢身，上面有两层小幢身相叠，中间以莲花座隔开，各面作小佛龛，顶上为宝盖。宝盖上的宝珠有一部分已经失去。这个石幢很好地表现了五代建筑的特点，形态完好，手法也值得观赏。

池边石塔的塔身是方形，没有创建年代的记载（图16-1）。

本寺大殿内有一个梵钟。其铭有如下文字。

贞享第四丁卯五月十三日

当山中兴开基大僧都日顺上人

纪州海士郡吹上白云山报恩寺开基大僧都日顺志

其中刻有日本铸造、钱唐弟子胡光墉敬助的文字。这或者是指铸造之时中国人的随喜，或者是指将此钟运到这里时的赞助，到底事实如何，我们无法判明。贞享四年丁卯是公元1687年，即清康熙二十六年。总之，能够在此寺看到这个叙说着日中关系的梵钟，笔者感到一种特别的缘分。（常盘大定 文）

图15·虎丘·云岩寺

图 16-1·虎丘·大砖塔和幢塔

图 16-2·虎丘·生公讲台和点头石

图 17-1 · 虎丘 · 大塔和陀罗尼幢

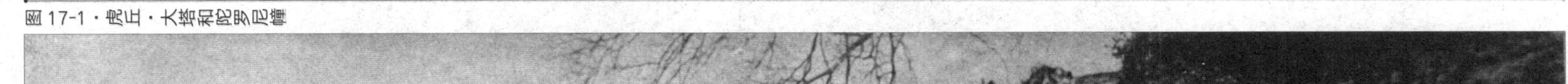

图 17-2 · 虎丘 · 大塔细部

图 18-1 · 虎丘 · 剑池

图18-1转载自《亚细亚大观》。

戒幢律寺

戒幢律寺在苏州城西门外，是近期建造的，现在(1922年2月9日)尚在营造之中(图18-2)。大殿安放着南岳下几世的尊仪，由此可见寺门属于济门法系。笔者匆匆离此而去，对该寺没有作详细考察。(常盘大定 文)

图 18-2 · 虎丘 · 戒幢律寺大雄殿

寒山寺

寒山寺在城外，位于戒幢律寺的西边。大殿现在(1922年2月9日)安放着住持近丹书写的寒山、拾得的石刻。翼殿里有刻着唐代张继《枫桥夜泊》之诗的壁碑，这是明朝文徵明书写的。由于壁碑破损严重，因此，走廊还放着清代硕儒愈樾书写的张继之诗的刻碑。寺内有经过日本人山田寒山子斡旋、伊藤博文捐赠的梵钟。寒山寺与其说是寺院，不如说是文人墨客曳杖的名胜古迹。可以说，游苏州的日本人没有不涉足寒山寺的。寒山寺由于近年的修建而变得庸俗。图19-1转载自《亚细亚大观》。门外石桥俗称枫桥，来此游玩的游客仿佛可以见到枫桥夜泊的光景，来回徘徊，依依不舍之情由然而生(图19-2)。(常盘大定 文)

图 19-1 · 寒山寺

图 19-2・寒山寺・远景

北寺塔

北寺在苏州城内北隅，据说是孙吴时代通玄寺的故址。吴越时代曾使用报恩寺的名称，现在（1922年2月9日）通称为北寺。

北寺唐代位于县西北一里半的位置上，吴越时代移至此地，加"城外支硎山报恩寺"之额。至后梁（908—922），有正慧者，于寺中造十一层大塔。至宋代，苏轼舍铜龟、供资，令人将舍利藏于其中。建炎四年（1130）寺与塔皆遭遇兵燹。至绍兴年间（1131—1162），行者大圆在重建之际只建了九层。外部木制的柱、梁、塔顶部分都是近代所建（图20），而内部砖造部分气魄宏伟，应该是宋代以前的原物。（常盘大定 文）

双塔

双塔寺在苏州城内东南隅，创建于唐代咸通年间（860—873），最初称为般若寺。宋至道年间（995—997），改名为寿宁万岁禅院。熙宁年间（1068—1077），文天罕建两砖塔，自此通用双塔寺的名称。现在（1922年2月9日）寺已经没有了，仅剩下六角七级双塔。（常盘大定 文）

双塔形状大小都一样，砖头建筑，外面涂漆灰处，现在已有一些地方受损严重，然而形态尚存。塔上还有相轮。第二层以上的每一层都造有柱楹斗拱之状，塔顶铺瓦，各层各面交替开着拱券窗和棂子窗，塔势在大小和层高上由下往上逐级递减，外观俊秀雄健（图21-1）。（关野贞 文）

图 21-1 · 双塔寺 · 大塔

图 20 · 北寺 · 大塔

开元寺

关于苏州开元寺,《江南通志》卷四十四、舆地志寺观苏州府下有如下记载:

开元寺在苏州府盘门内,吴大帝母舍宅建。永禅僧(?)开山,名通元寺。寺有石佛。相传,晋建兴二年,沪渎海口渔者夜见神光照水彻天,旦而视之,乃二石像浮水上。吴人朱膺等于海滨迎入城,置于通元寺,七日七夜光亮不绝。其后,渔者复于此获一青石钵,遂并以供佛。唐东宫长史陆东之书碑。延载元年,则天遣使送珊瑚镜一面、钵一副,宣赐供养,并改名为重云寺。开元初,再改为今额。开元寺原本在苏州城北陲,后唐同光中,钱氏镠迁置于此。宋绍兴间,守臣洪迈作戒坛。明万历四十六年,僧如缘建阁,供奉钦赐大藏。纯垒细砖,不用寸木,雄杰冠江南。

在上述的记载中,有"明万历四十六年,僧如缘建阁"的文字。如缘所建的阁就是这座无梁殿。"纯垒细砖,不用寸木",依据的是穹隆架法。太平天国的时候,寺院悉数烧毁,唯有此殿独存(图21-2)。

(常盘大定 文)

图 21-2 · 开元寺 · 无梁殿

天平山 | 白云寺

天平山在苏州城西二十里处。因为寺内有白云泉而得名白云寺。该寺创建于唐代白乐天任雍州刺史的宝历二年（826）。据说白乐天有咏此泉的诗。该寺于宋庆历年间（1041—1048）获赐白云寺之额。范文正公将其祖父葬于山下，此为功德院，内设义仓，里面有范文正公的义庄规章碑。元末烧毁，明代重建（图22-1）。如今（1922年2月10日）背后山上有亭，招徕游客登临。亭畔有石幢，上刻白云塔（图22-2）。

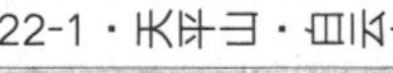

图 22-1・天平山・白云寺

图 22-2 · 天平山 · 白云塔

灵岩山 | 崇报寺

灵岩山在天平山西南八里处，山上有敕建崇报禅寺。有记载称崇报寺创建于梁代天监年间（502—519）。然而其真伪不详。据传，唐天宝年间（742—755）荆溪湛然的道友——支硎山道遵在此行法华三昧，发生神秘感应。宋初，该寺成为律寺。元代丰中年间（1078—1085），改为禅院，当时称为秀峰禅寺。现在（1922年2月10日）使用的是崇报寺的名称。寺域内有九层砖塔，是宋太平兴国年间（976—983）节度使孙承佑为其姐吴越国妃建造的。明万历二十八年（1600）夏，其木造部分为雷火所烧毁，现在仅存砖头框架。在塔的下面，可以仰望到窗内安有石佛。寺后有三池，中池叫吴王井；右池圆而小，称为月池；左池方而大，称为荷花池（图23-1）。

图 23-1 · 灵岩山 · 崇报寺

支硎山寺

支硎山寺(图23-2)在天平山北五里处。关于支硎山,《江南通志》卷十二记载道:“支硎山在苏州县西十五里。晋支遁尝隐此山,得道升云而去。”《苏州志》载:平石为硎,山多平石,故因支遁以支硎为号焉。山有石室、寒泉、放鹤亭、马迹石。别有南峰、东峰等。唐建支山院处南有三巨石,屹立如门。下有观音寺,故亦名观音山。又,定山在支硎西,相传支遁创报恩寺,于此禅定,故名。《续图经》谓:“支硎一名报恩。”云云。(常盘大定 文)

图23-2转载自《亚细亚大观》,1931年拍摄。

图 23-2・支硎山寺

元妙观

关于元妙观,《江南通志》卷四十四、舆地志寺观下有如下记载:“元妙观在府城东北隅。创建于晋咸宁中，唐名开元宫，宋改天庆观。建炎中毁于兵，绍兴十六年重建，元至元元年改今额。殿中有吴道子老君像、唐玄宗御赞、颜鲁公书。东庑有通神庵，为何真人所居。明洪武中，清理道教，为正一丛林，置道纪司于此。正统间，巡抚周忱、知府况钟捐建弥罗宝阁，请赐道藏经。国朝康熙十二年，布政慕天颜修建。四十四年，圣祖仁皇帝南巡，赐御书‘餐霞挹翠’四字匾额。其雷尊殿西为育婴堂，郡守高晫所设也。”云云。元妙观乃苏州城内的大庙，民众竞相接踵而至。图 24–1、图 24–2 为伊东忠太博士拍摄于 1907 年的照片。

图 24-2 · 元妙观 · 内部

图 24-1 · 元妙观 · 大殿

沧浪亭

关于沧浪亭，《江南通志》卷三十一、苏州府舆地志古迹下有如下简洁的记载：“沧浪亭在长洲县郡学东南。《石林诗话》云：‘钱氏广陵王元璙别圃也。’宋庆历间，苏舜钦得之，作亭曰‘沧浪’。后为章惇家所有。绍兴后，归韩蕲王世忠，俗名韩王园。”云云。

《通志》记载之后附有宋苏舜钦的《沧浪亭记》、明归有光的《沧浪亭记》和国朝潘耒的《沧浪亭赋》。苏舜钦在初购弃地、构亭的记叙中，有这样的文字：“前竹后水，水之阳又竹无穷极，澄川翠干，光影会合于户庭之间，尤与风月为相宜。”笔者看到此记载，不禁赞叹其整体风貌（图24-3）。

图24-3转载自《亚细亚大观》，1931年拍摄。

图 24-3 · 沧浪亭

浙江杭州

HANGZHOU CITY OF ZHEJIANG PROVINCE

ZHENJIANG CITY OF JIANGSU PROVINCE
JURONG CITY OF JIANGSU PROVINCE
WUXI CITY OF JIANGSU PROVINCE
KUNSHAN CITY OF JIANGSU PROVINCE
SHANGHAI CITY OF JIANGSU PROVINCE
JIAXING CITY OF JIANGSU PROVINCE
JIASHAN COUNTY OF JIANGSU PROVINCE
HUZHOU CITY OF JIANGSU PROVINCE

SUZHOU CITY OF JIANGSU PROVINCE

HANGZHOU CITY OF ZHEJIANG PROVINCE

YUHANG DISTRICT, HANGZHOU CITY OF ZHEJIANG PROVINCE
SHAOXING CITY OF ZHEJIANG PROVINCE
YUYAO CITY OF ZHEJIANG PROVINCE

NINGBO CITY OF ZHEJIANG PROVINCE
FENGHUA COUNTY OF ZHEJIANG PROVINCE
YINXIAN COUNTY OF ZHEJIANG PROVINCE
PUTUO MOUNTAIN OF ZHEJIANG PROVINCE

江苏镇江　江苏句容　江苏无锡 □
江苏昆山　江苏上海　江苏嘉兴
江苏嘉善　江苏湖州
江苏苏州 □
浙江杭州 ■
浙江余杭　浙江绍兴　浙江余姚 □
浙江宁波　浙江奉化 □
浙江鄞县　浙江普陀山

概况

杭州西湖风光素以明媚著称，人们或数其十景，或举其三十六古迹，或夸其七十二名胜（图29）。中国人常说“上有天堂，下有苏杭”。而此地与佛教相关的古迹多如繁星，这一点在中国可谓独领风骚。由于杭州在唐末五代免于战乱，而且是宋朝佛教的发源地，因此这个弹丸之地仍完好地保存着六朝至今的文化遗迹。可以说，这里的山山谷谷，没有寸土不是文化遗迹。其中，受五代末吴越王保护的文物甚多，且吴越王倾心于天台学，因此，此地遗迹的中心当属天台宗。

基于上述理由，笔者首先要在这里概述西湖中属于天台宗的诸事物，这样叙述起来较为简便。五代末天台山国清寺有学匠清竦，宋代山家山外两派学者都是清竦法孙。当时，天台宗甚为沉滞，典籍也极为欠缺，吴越王常希望能复旧。后唐清泰二年（935），四明沙门子麟欲传受天台教法，赴高丽、百济、日本等地时，高丽遣使李仁日送子麟到吴越。吴越王钱镠于郡城建院安置其众。五代终结后，改朝换代为宋。忠懿王钱俶又遣使至高丽、日本寻求天台教籍。当时，清竦法嗣义寂在天台山。一日，吴越王阅《永嘉集》，见书中有“同除四住，此处为齐，若伏无明，三藏即劣”之句，不晓其义，于是问禅家法眼宗德韶国师。德韶答道：“此属教家，可问义寂。”吴越王即召而问之。义寂曰：“此文句出自天台大师《法华玄义》。唐末安史之乱时，教籍散毁。故此诸文远在海外有，而中国无，令人遗憾之至。”义寂曾搜集教籍，但

仅得《净名疏》而已，早就心怀憾意。我们由此问答可以推知，宋初，连天台大师的大作——法华三大部的第一部《玄义》都已经散佚或不全。当时，高丽派遣学者谛观持论疏赴天台山。谛观是《四教仪》的撰者，闻名于佛教学界。天台教学蓬勃发展，以致后来之繁荣，这些都是义寂的功劳。天台派一方面由义寂，经义通后，出现了知礼、遵式这山家派二雄；而另一方面，自法孙志因，经晤恩、源清后，出现了庆昭、智圆这山外派两将。天台教学就在此时得到了蓬勃的发展。然而天台大师的高著尚未获得入藏的殊荣。

图 29・西湖风景图

真宗末年（1022），章懿太后遣使到西湖天竺寺遵式处，让其为国行忏。遵式以此为契机，请求让天台教卷入藏，然而没能获准。仁宗初年（1023），朝廷遣内侍杨怀古至天竺寺，令寺为国祈福。遵式又以此为机缘，再次请求让天台教卷入藏。当时，遵式弟子思悟道：入藏非易事，当舍身祈之。即焚臂向观音萨埵祈誓，遂星殒而逝。此热诚远达天听，加上杨怀古的相助，至翌年，入藏的愿望终于实现。自开皇十七年（597）天台大师入寂到此时，已整整隔了四百二十七年的漫长岁月。天台三大部是佛教哲学中的白眉，或许可称为空前绝后的大著。然而，其入藏竟然花了四百多年，且发生了舍命的惨烈事件，今日看来，实在令人唏嘘。总之，吴越王时代为天台学最鼎盛的时期，当时甚至还发生过驱逐禅师而迎纳天台学者的事情。谛观之后又过了一百二十年，义天也入宋传天台学。在高丽，义天因此而被尊称为天台复兴之祖。当时，高丽天台法系早已绝迹。

杨琏真加（或杨辇真迦）于元朝至元年代，任江淮释教都总统的要职，为上天竺讲主。他集江南禅教朝觐、登对世宗一事，在《佛祖历代通载》卷三十四（译者注：应为《佛祖历代通载》卷二十二）至元二十五年正月十九日条下有记载。《佛祖历代通载》还记载如下诸事：当时，径山的云峰在达摩之后至六祖慧能，分为南北两宗。南宗马祖以后至临济而喝，至德山以后加棒。达摩西来，谈及所谓“不立文字，直指人心，见性成佛”，乃是“传此心也，印此法也”。仙林说：“夫禅与教本一体也，禅乃佛之心，教乃佛之语，因佛语而见佛心。”此说大合帝心，于是帝于寝殿内赐食。（常盘大定 文）

雷峰塔

雷峰塔在西湖南峰丘上巍然屹立，给周围景色增添一番情趣。1918年关野、1920年常盘踏访此地时，雷峰塔破损严重（图30）。因塔本身有危险，故近年其基边以石或砖加固，其上涂以石灰，作为保护。1925年雷峰塔猝然崩毁，化为乌有，实属憾事。崩毁之际，人们发现所用砖头各藏有《宝箧印陁罗尼经》之一卷。其文曰（根据伊东博士藏本）：

天下兵马大元帅吴越国王钱俶
造此经八万四千卷。舍入西关
砖塔。永充供养。乙亥八月日纪。

（该文与经文之间有舍利供养图）（图31）

据此可知，此塔为吴越王钱俶建于宋开宝八年乙亥之岁（975），正是他将《宝箧印陁罗尼》八万四千卷藏于所用的砖头中。（常盘大定 文）

雷峰塔为八角五层，砖头建筑。第一层一面大小约有四十尺，可知其壮丽宏大。当初每一层都用八角之柱支撑木制出三跳斗拱及塔檐，现在木制部分悉数失却，仅存墙面用砖造成的斗拱的形状及构建木制斗拱、塔檐的木材嵌入墙面时残留下的洞的痕迹。

雷峰塔的内部荡然无物。各面开着窗户。与窗户相连的壁间通路的天棚呈袴腰状，斜面处很多地方都留有用过直线形上弯支条的痕迹。当初可能用木阶连接到最上层，然而现在木阶已全部不见。（关野贞 文）

《两浙金石志》卷三（译者注：应为《两浙金石志》卷四）登载雷峰塔下的土中出现的《华严经》贤首品之偈一列及净行品之偈二列，且引证如下《吴越王钱俶黄妃塔记》之文后，写道："此石应了当时所刻，兵燹之余，堕落复出耳。"

万机之下，口不辍颂释氏之书，手不停披释氏之兴者，盖有深旨焉。……塔之成日，又镌《华严》诸经。围绕八面，真成不思议劫数大精进幢。于是合十指爪，以赞叹之。（译者注：《文渊阁四库全书・武林梵志（卷三）》："万机之暇口不辍诵释氏之书手不停披释氏之典者盖有深旨焉……塔成之日又镌华严诸经围绕八面真成不思议劫数大精进幢于是合十指爪以赞叹之。"《译者注：《文渊阁四库全书・武林梵志》与《两浙金石志》的文字有出入）

我们将它与上述藏于砖内的陁罗尼经（图31）联系起来看，可以推知吴越王家信佛程度之深。（常盘大定 文）

图31・雷峰塔・砖封藏陀罗尼经

图 30 · 雷锋塔

保俶塔

宝石山顶上的岩石被凿平后做成八角形的基坛，上面建有八角七层砖塔，这就是保俶塔，由吴越王钱俶掌管。保俶塔后来遭毁，一度重修。现在外面崩毁，砖头脱落处颇多（图32）。从外表上看，是后人在当初的原塔外加围了一圈砖。古时，每个边角都使用八角柱支撑三斗（译者注："三斗"在日语中指斗拱的一种形式。在栌斗上放上拱，再在上面并列放上三个升子。即，一斗三升角斗拱），斗拱间亦放入三斗，以此支撑檐桁；檐桁上依次堆出砖头，这样搭成塔檐。由于后世破坏，重修之际，其外以砖围住，约有三尺厚。各层边角作圆柱，支撑三斗，其上再搭木制顶盖。而今木制部分已失。第一层原来一面宽度为八尺九寸。

看现在的塔，各层由下而上逐级变小，塔顶有铁制相轮，呈高峻之状。高度目测约有十二丈。每一层各面开窗户，木制的顶盖其朽烂的痕迹犹留于墙面上。（关野贞 文）

保俶塔的西边凿有石阶，岩上立有一个六角亭，称为来凤亭。旁边有巨岩磊磊，西边与岩山相连，南边俯瞰西湖，左边远眺隔着杭州街巷的钱塘江。湖的四周，峰峦环拥，高低参差不齐。从这里遥望雷峰塔兀立，风景极佳。

《两浙金石志》卷三（译者注：应为《两浙金石志》卷四）记载道：清乾隆己酉年（五十四年，1789），仁和赵茂才（坦）于西湖保俶塔下获得吴延爽的《造塔记》。《造塔记》里有以下文字：

……爽为睹此山上承角亢……第一级图八会功德像……感应舍利。仍建舍……乃大塔右盘石之……其塔……

"塔后有落星石。武肃时，封为'寿星宝石山'。……按《尔雅·释天》：'寿星，角、亢也。'此刻有'为睹此山上承角亢'语，与武肃封号相合。其为造塔时所撰碑记无疑。""《西湖志》载：'吴延爽请东阳善导和尚舍利，建九级宝塔于崇寿院。'""《十国春秋》引《武林梵刹志》（译者注：应为《武林梵志》）云：'吴延爽于崇寿院内建九级浮图，名应天塔。'"云云。

九级浮图可能是保俶塔的原形。如果是这样的话，那么，吴越王施舍一事，应确定无疑。然而其执掌人物是文穆恭懿夫人之弟——吴延爽。吴延爽实际上是使烟霞洞的造像成为五代造像代表的中心人物。因此，将他看作是保俶塔的掌管者，应是比较合理的。（常盘大定 文）

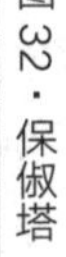

图 32 · 保俶塔

灵隐寺

灵隐寺在五山中位列第二，法系属临济宗。灵隐寺在武林山之阴、北高峰下。传说许由曾在武林山隐遁过。又据传，灵隐寺由西僧慧理于东晋咸和年间（326—334）开基。寺前隔着溪水有一丘，名为飞来峰。慧理来到此地时，曾叹道："此是灵鹫山之小岭，不知何年飞来？"飞来峰因此而得名。慧理将正殿称为觉皇殿，将山门称为绝胜觉场。据传绝胜觉场之榜乃仙翁葛洪书写的。慧理其人在佛教史上名不见经传，唯本寺记录中有其名而已。入门过石桥，来到飞来峰前，有一个八角六层的石塔，高约三丈许。这就是理公塔。再往里走，天王殿前有两个经幢分列左右，过天王殿，便到了大殿。

灵隐寺伽蓝配置图

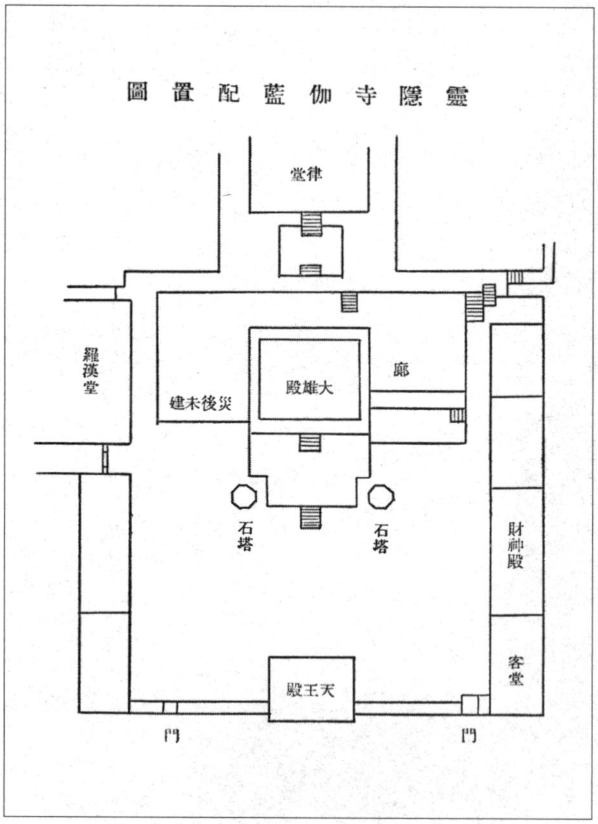

灵隐寺于清顺治十五年（1658）烧毁，宏礼重建。雍正六年（1728）总督李卫倡议重修，当时天王殿得以再次重修，堂宇楼阁焕然一新。然而其后又烧毁。现在的建置是近年重建的。康熙帝曾巡幸此地，赐云林寺之匾额，所以灵隐寺又称云林禅寺。然而，一般仍以佛教史上留有名声的旧名——灵隐寺称呼之。

灵隐寺建于晋代。南北朝及隋代时，其兴废状况不明。唐大历六年（771）复兴，会昌年间（845）遭废，至五代，受吴越王之请，延寿使之中兴，一直持续至今。宋代赞宁在此寺出家，杨岐宗瞎堂住于此寺。方丈后有白云宗祖清觉住过的庵址。前山飞来峰顶上有隋文帝所造的神尼舍利塔。根据记载，后山有北高峰塔，唐天宝中初建，宋代屡遭焚毁，七层中唯存三层，然而今日（1920年12月28日）已难以寻觅。根据记载，寺域内曾经有契嵩塔、瞎堂塔、无著塔、虚堂塔，但均被破坏，现在已无法找到。（常盘大定 文）

正门天王殿为五间四面。进天王殿，正面有大雄殿，五间五面三层，这是近年再建的（图33）。大殿前有月台。月台左右各有一座九层的石塔。石塔应该是建于宋初。在大雄殿的前庭，东有客堂和财神殿，西方亦有相同的堂宇，相对而立。财神殿之南，大雄殿之东，也有两座建筑，为僧房。与之相对，西边有大建筑，为罗汉堂。大雄殿东边有长廊，西边的回廊受灾后尚未再建。大雄殿后方有律堂。这些殿宇可能都是近年重建的，其样式手法都不值得一观。唯大雄殿三层，规模宏大。其第一层中央安有释迦、药师、弥陀三尊，左右后三面安有二十天、十二圆觉之像。（关野贞 文）

图 33 · 灵隐寺 · 大殿

八角九层石塔

在灵隐寺大雄殿前，月台左右各有一个八角九层石塔（图34、图36-1）。《寺志》古迹部记载道：

丹墀二石塔，高可五七丈，九层。上有石扁书吴兴广济普恩真身宝塔十字。二塔所题皆同，而无年代日月。山中旧物所存唯此。其塔八方，下刻佛顶首陀罗尼。二塔皆同。……塔上所镌佛，皆梁像。此或惠理之后，六朝僧所为耳。其无岁年者，岂以朝梁暮陈故耶。

由此可见，该志认为这座塔建于梁代。而《西湖志》记载道：

云林寺经塔（在寺内殿墀下）

大佛顶陁罗尼经　二塔经文同。俱不录。并正书，无题款。《灵隐寺旧志》云，吴越时建。上有石扁书吴兴广济普恩真身宝塔。

《西湖志》说，根据旧志，石塔是吴越王时建的。观其样式，绝非梁代以前所建。后一种说法稍微接近真实。它大概最晚建于宋初。（常盘大定 文）

石塔有九层，立于两层台基上。台基下层，侧面刻山岳状，上面有波涛纹。上成各面雕刻着佛顶陀罗尼。

第一层的塔身，有四面做成带拱券的假门，假门左右两旁刻有菩萨像的阳文，其余四个侧面也刻有两菩萨像。转角用圆柱支撑出二跳斗拱，斗拱间也放入相同样式的斗拱两具。塔檐为上下两层椽子，塔盖模拟铺瓦。第二层周围有回椽围绕着，以平座斗拱支撑，但缺少高栏。四个正面的手法与第一层相同，而其余四个侧面刻有陀罗尼。第三层以上四个正面的手法都一样，而侧面或雕刻有释迦、两罗汉、两菩萨、二天，或雕刻释迦三尊或文殊、普贤两菩萨。各层由下往上逐级递减的幅度较大。比例甚美观，手法亦细腻漂亮。

第一层一面宽有三尺七寸，塔高约有二十七尺。（关野贞 文）

图 34 · 灵隐寺 · 大殿前八角九层石塔

图 36-1 · 灵隐寺 · 大殿前八角九层石塔细部

门外石幢

灵隐寺天王殿前，有两石幢分列左右，相向而立（图35、图36-2），相距约二百四十尺。两者形式相同，右方的石幢保存略为完整，左方的石幢有部分缺失。

右方的石幢高约二十五尺。台基为八角三层，下层四周刻龙，中层各面作二菩萨，上层各面亦作释迦、两罗汉、两菩萨。幢身也是八角，较为矮小，其一面雕刻着新建佛国宝幢愿文，文章的结束处题如下文字：

天下大元帅吴越国王　建

时大宋开宝二年己巳岁闰五月日

其余七面刻有大佛顶陀罗尼。由此可知，石幢乃吴越王钱俶建于宋开宝二年（969）。（关野贞、常盘大定 文）

幢身上面有盖。其上又有莲座及小幢身，重叠数层，以冠宝顶。小幢身各面亦刻有小佛。经幢上部缺失严重，幢身过短。然其手法精丽巧致，充分表现出吴越时代的建筑特点。左方的石幢形式手法与右石幢相同，应该是同一时间建成的。（关野贞 文）

阮元编录的《两浙金石志》卷五刊载了两经幢的刻文，现摘录如下：

大佛顶陀罗尼　（左幢）

随求即得大自在陀罗尼咒　（右幢）

新建佛国宝幢愿文　（二幢同）

盖闻慧炬西然，法云东被。眷言兴建，实焕简编。我国家裂壤受封，带河砺岳。既勤（右幢作觐）王而继世，谅荷宠以乘时。言念真宗，聿怀多福。于是旁搜胜景，广辟宏规。筑湖畔之山堙，构城西之佛阁。莫不遐森杞梓，妙选楩楠。营崒汉之基垧，列倚天之像设。释迦化主，中尊而高俨睟容。慈氏弥陀，分坐而净标妙相。仍于宝地，对树造幢。雕琢琅玕，磨砻琬（右幢落此二字）琰。勒随求之梵语，刊佛顶之秘文。直指丹霄，双分八面。伏愿兴隆霸祚，延远洪源。受靈（右幢误雲）贶于（右幢落此二字）祖先，助福禧于攸久。军民辑睦，疆场肃宁，宗族以之咸康，官寮以之共治，四十八愿，永荷法处之良因。八十种好（右幢落此四字），更倍昙摩之圆智。得大坚固，不可称量。凡在含生，同跻觉路。

天下大元帅吴越国王建

时大宋开宝二年己巳岁閏五月日　（二幢并同正书）

灵隐寺住持传法慧明禅师延珊于景祐二年十一月内移奉先废寺基上石幢东西二所归寺前添换重建止。四年四月十日毕工。谨题志耳（在右幢上，正书）

根据加在右幢末尾的文字可知：此两幢原来在奉先寺内，由于寺废，灵隐寺住持慧明禅师延珊于景祐二年（1035）将石幢移至此地。奉先寺之所在不详。然而文中有“筑湖畔之山堙，构城西之佛阁”的记载，据此可以推测该寺在临湖诸岭之中。（常盘大定 文）

图 36-2 · 灵隐寺 · 门外左方石幢细部

图 35-1 · 灵隐寺 · 门外右方石幢

图 35-2 · 灵隐寺 · 门外左方石幢

理公塔

理公塔乃六角六层石塔（编者注:据此塔现存遗迹及作者所摄照片资料，此塔应为七层，为七层浮屠塔。盖作者关野贞笔误），立在台基上。第一层（编者注:应为第二层）宽为四尺一寸五分，高约二十五尺。第一层题“理公之塔”，刻“慧理大师塔铭”（图37）。铭文的结尾处有如下文字：

皇明万历十八年岁在庚寅仲春望日

我们由此可以推知塔的建造年代。第三层（编者注:应为第四层）各面刻有三尊佛，第四层（编者注:应为第五层）各面刻着一尊佛，第五、六层（编者注:应为第六、七层）三面各一尊佛，其他三面作拱券模样的假门。该塔建造手法简单，形态也称不上美观。由此可以推知，到了明末，此类塔已面临衰败的命运。（关野贞 文）

图 37 · 灵隐寺 · 飞来峰前理公之塔

净慈寺

净慈寺在西湖旁南山慧日峰下（图38-1），法系属临济宗，五代显德元年（954）由吴越王创建，忠懿王号之为慧日永明院，自衢州迎道潜禅师，尊崇其为第一住。嗣其后者乃延寿。延寿同样也曾被忠懿王迎入灵隐寺，自宋初建隆二年（961）开始，在永明院住了长达十五年。

《宗镜录》百卷是赵宋时代的代表性大著，乃延寿住于永明寺初期时在诸宗学者的协助下完成的大作。大殿左边另有宗镜台（图39-1）。宗镜台与大殿隔一段距离，内有延寿墓塔（图39-2）。

延寿入寂的翌年即位的宋太宗将永明院改名为寿宁禅院。仁宗之朝，云门宗圆照宗本、大通善本二人相继住于此院，当时，寺门繁荣达到巅峰。南宋初，该寺曾两度烧毁，后重建。绍兴九年（1139）获赐净慈报恩光孝寺之敕额。这就是净慈寺名称的来源。其后，南宋时代、明洪武年间、正统年间，寺屡次遭遇火灾。清朝顺治、康熙、雍正年间，数度修建。现在（1920年12月29日）的建置是近年建造的。据传，宋代将五百罗汉的塑像贮藏于田字殿内，但现在已经不见了。殿前有元代咸淳乙丑（1265）二月建造的石制香炉，四周刻龙，雄劲有力（图38-2），应该是寺门年代最远的古迹。（常盘大定 文）

宋延寿禅师

《宗镜录》乃集华严、唯识、天台等诸教学，在融合禅、念佛的基础上，力求将其转化为现实的划时代大著。作者延寿的精神结晶体现在闻名遐迩的四料简之中。四料简曰：

有禅无净土　十人中错落　阴境若现前　瞥尔随他去
无禅有净土　万修万人去　但得见弥陀　何愁不开悟
有禅有净土　犹如带角虎　现世为人师　当来作佛祖
无禅无净土　铁床并铜柱　万劫与千生　没个人依怙

延寿属于五家禅宗中的法眼宗，乃法眼文益的法孙、天台德韶的法嗣。德韶实际上是追随天台的念佛者。因此，延寿的念佛可以介于德韶而远溯及天台。延寿能达到那般深度，必定在于其宗教性格以及时代风潮的影响。延寿少而异于常人，一日，见父母争吵，自高塌坠身，使其口角停息。延寿成年后

担任库吏，将库钱用于买生放生，最终面临死罪而毫无惧色。吴越文穆王闻知此事，将他释放，他便出家为僧。延寿的宗教性格是以一大事因缘为目标。延寿身为见性之宗，而造禅定与净土二签，登天台山智者禅院，精勤默祷，孜孜不倦地探索，最终悉得净土。这一切都是为了向世人展示应如何一心一意地专注于解脱之道。其后，宋朝的时代风潮，致使天台宗的四明、遵式、智圆、律宗的元照以及其他堪称师表的佛教人士必须考虑念佛。这大概是来自于延寿的影响。延寿位列莲社念佛第六祖。（常盘大定 文）

图 38-1・净慈寺・大殿

图 38-2・净慈寺・大殿前石炉

图 39-2 · 净慈寺 · 宗镜台内宋智觉禅师延寿塔

正脩智覺禪師

图 39-1・净慈寺・宗镜台

下天竺法镜寺

下天竺寺现在由禅宗临济法系所掌管，原来是讲寺。该寺在飞来峰即灵鹫山麓上，奉安观音大士。晋代西僧慧理被尊为创建者。不过，隋代真观与道安一起在石室中修头陀，根据陈仲宝的特志，从这两人将此翻新后起，该寺才名闻于世。《佛祖统纪》卷第三十九记载“开皇十五年（595）真观于杭州虎林山建天竺寺”，可以作为证据。到了唐代，寺名改虎为武，于是，自那以后，武林山的名称开始出现于翰墨之间。隋代该寺称南天竺寺，至唐代，朝廷赐天竺灵山寺之敕号。唐末遭焚毁，几乎烧尽。吴越王钱镠于其洞址建五百罗汉院，该寺因此得以复兴。宋初朝廷赐名“灵山寺”，祥符中（1008—1016）在州人的请求下，慈云遵式住于此寺。慈云乃天台家学德兼优的僧人，在山家山外两派争论之际，曾辅助四明知礼，令山家派扬眉吐气。天禧初（1017）王冀公奏请朝廷，恢复了天竺的旧额，王冀公亲自书榜。当时的天竺，内外名声高涨，名僧接踵而至。根据胡宿撰写的《下天竺灵山教寺记》，嗣慈云之后的祖韶，在殿前建钟经两台，东西对峙。当时该寺也曾称为天竺思荐福寺。然而下天竺寺的名称一直延续至今。

根据记录，大殿于元末烧毁，明洪武年间重建，清康熙三十八年（1699）重修。然而，现在（1920年12月28日）的下天竺寺应该是光绪年代重建的。据记载，钟离权书写的“法堂”二字颇为奇古，然已不见踪迹。

寺中最值得注意的古迹，一是真观和遵式的坟墓，二是门外的两个经幢。赵宋以后的天台学者认为真观是智顗的弟子，而实际上两人是朋友。真观从学于金陵三论学者——法朗、慧辩、慧勇，研究三论，学成后讲《法华》《涅槃》《成实》，其中，以《法华》为心要。其雄辩、谈道颇有嘉誉。据说与智顗不同的是，真观谈论风发，日夜不息。真观墓在东冈。真观法师在自标葬地之处建塔，岁久而圮。慈云向王钦若募钱，因此壁甃皆得到精巧的重修。《云林续志》云：“今塔有石凿之一僧，坐其中。像亦甚古。”有记载称，万历中僧宏济葺塔，而今该塔有无不明。慈云遵式的坟墓在该寺的旁边，为了标志其墓，通路旁立有牌门，牌门上题慈云忏主法宝大师瑞光之塔。（常盘大定 文）

门外石幢

法镜寺门外有两石幢，相对而立（图40）。《西湖志》卷二十八：“上天竺寺经幢（在寺门）”。该书如下记载道：

佛顶尊胜陁罗尼经并前序……

时乙未岁冬十二月壬寅朔十一日记

另，《两浙金石志》卷四如下所记的两石幢就是这两个石幢：

吴越天竺寺经幢二

佛顶尊胜陁罗尼经序　（序文不录）

佛顶尊胜陁罗尼经　（经文不录）

右二幢，在西湖上天竺寺门。……其称乙未岁，乃后唐废帝清泰二年，文穆王嗣位之三年也。

现在，东幢有如下的刻铭：

此二幢，旧在天竺进路，岁久拦入民居，火焚石损，迹将湮没。阮氏《两浙金石志》虽据拓本入录，而经文莫考。题字多遗，识者慨焉。

光绪甲申四月八日，命儿子及女婿等施舍净财，各为其母脩资冥福。移立法镜寺山门左右。庶几永依净土，常转法轮。同里程锡龄颇韪是举，助白金五两，同扶善果云。佛弟子丁丙合十记。　住持僧贯通建造。

据此可知，这两个石幢乃光绪十年（1884）由别处移建的，原来的地方大概就是《西湖志》上所说的靠近上天竺寺的道路旁。

东幢有八角，幢身的西面、上部左方刻着“吴越国王”，又题以下文字，刻佛顶尊胜陀罗尼。

时乙未岁冬十有二月壬寅（同年）十一日记

吴越国王

台基有三重，最下面的基石上四周刻有山岳状，其上刻着波纹，腰石雕刻双龙浮雕。第二重腰石上，各面拱券龛内放有坐佛。第三重腰石没有雕刻。幢身下面围着栏杆，栏杆上有雷文模样的棂子。幢身上面有多处用新石修补过，不过，大体与旧式一样，而且当初的石材亦多有保留。石幢因为近世遭遇火灾，受到损坏，有些地方有欠缺。其样式与灵隐寺门外的两个石幢相似，可惜的是形制不如它们完整。其高度大约十五尺左右。（关野贞 文）

《两浙金石志》卷四有光文大德赐紫沙门汇征撰写的《尊胜陀罗尼石幢记》，后有如下记载："经文幢记及年月人名，两幢并同。唯左幢题供使衙书宝幢手殷承训，右幢题书幢记僧义周、吴保容、吴镡。"即左右幢略有差别。根据幢记，佛弟子吴保容、吴镡二人为会首，遍募信人，获钱三十万，购之贞石，命彼良工，凿勒精奇，磨砻细丽，最终建成这两幢。幢记写成的时间记为"乙未岁冬十有二月"。乙未之岁乃后唐废帝清泰二年、吴越文穆王嗣位三年。撰者汇征在《十国春秋》中被赞为善诗文。据说，忠懿王曾命他为僧正，赐光文大师之号。幢记后面，列名最初有"吴越国王造"的文字，这表明有吴越王的施财。上面还有吴延庆之名。据说，延庆可能与延福、延爽同为文穆恭懿夫人之弟。

文穆王的坟墓在钱塘江北岸的龙山南面，有神道碑，碑文在《西湖志》卷二十五里有记载。（常盘大定 文）

宋慈云遵式

慈云是天台宁海人，与四明法智一起出自宝云义通之门，明道元年（1032）六十九岁圆寂。在宝云之门时，智者讳日，然顶终朝，誓力行四种三昧。宝云入寂后，慈云乃反天台，以苦学感疾至于呕血。营营苦修，毫不懈怠。年二十八，众请居宝云寺。祥符八年，慈云被请入隋代真观执掌的天竺寺，建灵山法席，主要实修四种三昧，另外还收集典籍，其德化遍及四方。天禧四年，获赐慈云之号。时人号曰天竺忏主。慈云常推重法智，其间如伯叔。法智之学，因加上慈云之行而大放光彩。崇宁三年（1104），朝廷赐号法宝大师，至绍兴三十年（1160），特谥忏主禅慧法师，塔曰瑞光。（常盘大定 文）

图 40 · 下天竺寺 · 门外陀罗尼幢

中天竺法净寺

中天竺寺在下天竺寺的南面，属于临济宗。上、下两竺为讲寺，而中竺本来是禅寺。或传，中天竺寺是隋开皇十七年（597），千岁宝掌禅师自西土来创建的。这给该寺的创建蒙上了一层神秘的色彩。又传，该寺创建于唐贞观十五年（641），这应该是事实。宋初，吴越王复建。南宋淳熙十四年（1187），法华禅师为住持时，钱塘四百佛寺中，唯有灵隐、净慈、中竺三寺传授禅家之学。王信撰写的《华严阁记》有言及此事。根据记录，正殿于明代焚毁，嘉靖二十五年（1546）惠镛重建。据说，其左侧前方的白衣观音堂（图41-1）也是此时建造的，但现在（1921年12月28日）（译者注：原文为大正十年，应为大正九年，1920年）的观音堂应该是近年才重建的。

寺号几经变迁。宋初称崇寿院，政和四年（1114）称天宁永祚禅寺，元代称天历永祚禅寺，明代以后称为中天竺寺，这个名称一直延用到现在。观音堂中有梵钟，钟上有太平三年（1023）之铭（图41-2）。太平三年乃宋天圣元年，是遵式的时代。

图41-1 · 中天竺寺

图 41-2 · 中天竺寺 · 梵钟

上天竺法喜寺

上竺在中竺的南面，两寺相邻。上竺原本是讲寺，现在属临济宗。五代天福四年(939)，有道翊者，在山中结庐，见神光，得奇木，于是命孔仁谦刻观音像。当时恰好有从勋者，自洛阳带来古舍利，将之加于观音像顶间，观音像因此妙相咸备。时吴越忠懿王梦见白衣人来求其居，于是就在此地兴建佛寺，安置道翊发愿而制成的观音像。这就是上天竺寺的来源。当时该寺称为天竺看经院，已经有道潜的《谒中天竺观音大士诗》。由此可见，那时已经对上、中、下三竺进行了区分。宋初，上天竺寺由禅师所住，但到嘉祐末年(1063)，太守沈文通认为上竺安置着观音，因此不宜住禅师，于是向住持海月致谢并令其离去，而迎来辩才法师元净，并请求朝廷以教代替禅。当时朝廷赐灵感观音院之敕号。

元净乃天台学学者、遵式的法孙、祖韶的法子，曾两度在该寺当住持，为兼统禅教律三宗之泰斗。那之后，至乾道七年(1171)，四明六代的法孙若讷在此寺担任住持，改院为寺。淳熙中(1174—1189)，改名为广大灵感观音教寺。该寺元代烧毁，后获重建，恢复古名，称天竺教寺。

清朝时该寺曾两度焚毁。现在(1920年12月28日)的堂宇建于雍正九年(1731)，天王殿、大雄宝殿规模宏大(图42-1、图42-2)。过去，寺内除了这些中心堂宇以外，还有白云堂、两峰堂、中印堂，以及五阁、二轩、一斋、三亭、二泉、二池等，然而现在大多已失，唯有白云堂尚存。白云乃道翊之号。门外有古塔，小而不完整，但却是上竺唯一的古物(图41-3)。

中门左方有榜，榜上写着“晋开山圣僧道翊祖师之塔”。走过这里，再往上爬一段路，只见松树下有一卵塔，塔围有三尺多。《天竺志》所说的位于乳窦峰麓的塔就是这座塔。

三竺都有观音像，然而其中上竺的广大灵感观音像尤其深得信仰。再加上几代之间，天台学德兼备的高僧在该寺当住持，因此就有更多的名士慕名而来。北宋有苏轼的《雨中游天竺观音院诗》《闻辩才师复归上天竺以诗问信》(译者注:应为《闻辩才师复归上天竺以诗戏问》)，南宋有孝宗的《大士赞》、理宗的《大士赞》及《殿记》、朱熹的《春日过上天竺诗》、吕祖谦的《游上天竺诗》，元代有赵孟頫的《游上天竺诗》、王守仁的《题白云堂诗》。由此可知，西湖名刹中，第一寺当数上天竺寺。(常盘大定 文)

图42-1·上天竺寺·大殿

图 41-3・上天竺寺・门外石幢

图 42-2・上天竺寺・天王殿

图42-2为天王殿，转载自《亚细亚大观》，于1929年4月拍摄。

凤林寺

凤林寺在葛岭的西边，创建年代不明。明宣德年间(1426—1435)僧如月重建，朝廷敕额凤林寺，寺名俗称喜鹊寺(图 43-2)。

凤林寺是唐代牛头宗道林禅师在松树上坐禅的故址。道林因曾与白居易有过问答而闻名于世，被称为鸟窠。白居易守杭时，一日，游于秦亭山，见大松树上坐着一个老僧，便叫道："禅师危险！"道林随声应答道："太守危险尤甚。"白居易愤然诘问其理由。道林答曰："薪火相交，识性不停，得非险乎？"寥寥数语说到了白居易的心坎上。当时，白居易正在为作诗而呕心沥血，在发配地对月苦愁，他深思禅师之语后，觉得颇有道理，便问："如何是佛法大意？"禅师答："诸恶莫作，众善奉行。"白居易曰："三岁童子也知道。"禅师曰："三岁童子虽知道，百岁老翁行不得。"白居易颇为敬叹，尔后遂向道林问道。和尚墓在寺后竹林中，上题"敕赐鸟窠道林禅师之塔"(图 43-1)。

《杭州府志》卷九十八、金石部有鸟窠禅师塔铭的碑目。该志引用舆地碑目后写道："鸟窠禅师塔铭在定业院。"由此可知该碑确实存在。(常盘大定 文)

图 43-1・凤林寺・唐乌窠道林禅师之塔

图 43-2 · 凤林寺 · 大殿

昭庆律寺

昭庆律寺在杭州城钱塘门外溜水桥畔（图44-1）。根据《昭庆寺志》，现将其沿革记载如下：

昭庆律寺旧名菩提院。石晋天福元年（936），吴越王钱氏建。宋乾德二年（964）重建，僧永智开山。太平兴国三年（978）筑戒坛。七年，赐额“大昭庆律寺”。自淳化至天禧年（990—1021），僧省常结华严净行社，复兴莲社念佛，在昭庆律寺旁构白莲、绿野二堂，碧玉、四观二轩。遵式仁岳，复扬经教。未几毁于火。庆历二年（1042），允堪建地涌戒坛及钟楼，昭庆法会于斯极盛。绍兴七年（1137），毁于兵。嘉定、宝庆间，渐次兴复。宋末为兵所毁。元至正十八年（1358）重建，元末又毁。明洪武二十四年，大慧承朝命建戒坛，复白莲、绿野诸胜。正统十年（1445），敕赐《大藏经》。嘉靖三十三年（1554）夏，倭寇扰杭，官令焚寺。四十五年，广霈建伽蓝殿。隆庆二年，建山门石牌坊。题曰“律宗万善戒坛”。万历三十三年（1605），传如达于朝上，赐《大藏经》全部，敕名“万寿戒坛”。清顺治十七年（1660），该寺请宝华山三昧律师登坛开戒。康熙二十三年，宜洁和尚为主席。三十九年，毁于火。宜洁复兴重建，乾隆二十九年，兴复大备。

永智最先研究南山律，允堪随后将该工作继承下去，作《会正记》。允堪之后，经择其，到元照。元照作《资持记》。《会正》《资持》两书乃南山律注的双璧，相依相会，使南山律得以大成。然而，两派末徒相互指责，难以共立，会正派最终压倒资持派。

允堪遗址既已明了，那么下面应该言及元照的故迹。元照乃杭州城灵芝寺的住持，据记载，该寺在涌金门外。灵芝寺本来是吴越王的故苑，因产灵芝，而成因缘，被称为太平兴国元年寺。大中祥符年间，朝廷赐额“崇福寺”。该寺元符年间重修。建炎初，遭遇火灾，仅存元照塔。绍兴年间，有人割旧址之地建显应观。元末烧毁，明永乐初，竺源重建。其后的沿革不明。

笔者常盘于1920年和1921年两度寻遍此地，未能找到寺址，仅凭灵芝街之名而知该寺原来的大概位置。（常盘大定 文）

宋省常法师

省常乃白莲社念佛的复兴者，是永智之后允堪之前的僧人。华严净行社里，一时名公卿士庶，翕然

来归。踵故事，池种白莲，亦称白莲社。入社人数为一百二十三人，皆符庐山社人之数。此事在苏易简作的《序》、孙何写的《碑记》里有详细记载。孙何撰写的《西湖莲社记》在《西湖志》卷十二、昭庆律寺记事中有登载。另，孤山智圆有《钱唐昭庆寺白莲社主碑记》。据此可知，省常于天禧四年六十二岁圆寂，全身瘗于灵隐山鸟窠禅师坟侧。省常在莲社念佛中位居第七祖，有圆净大师之号。（常盘大定 文）

图 44-1・昭庆律寺

高丽寺

高丽寺在西湖西南岸赤山阜附近，五代天成二年（927）由吴越王创建。最初称为慧因禅寺，至净源，改为教院。净源乃唐代学者圭峰以后、在华严宗遭禅宗合并失去独立地位时，他复兴了华严宗。高丽义天远道入宋，目的是为了访求古书以及从净源处继承华严学。义天写表请求南下，在馆伴杨杰的陪伴下到达此地，实现了入宋的目的。义天欣然归东之后，寄青纸金书《六十华严经》三百部和经阁之资，高丽寺因此得名。嗣净源之后者乃易庵禅师。至宁宗之朝，高丽寺改为讲寺。中国的华严宗，于贤首时得以集大成，于清凉时得以彻底化，传至其法子圭峰以后，逐渐禅宗化，进而销声匿迹。到宋代，长水子璇创造出独立的契机，而晋水净源使之完全独立。然而，其后华严宗又陷入黑暗期。净源在华严学史上占据重要的位置，因此对于他来说，其故址高丽寺应该是屈指可数的史迹。

高丽寺的沿革不明。人们只知道明正德年间（1436—1449）万松禅师曾复兴一事。现在（1920年12月29日）这里仅有一户民家，主妇在上海募缘，仅此而已。所幸还留有“高丽寺”的匾额，这让访客感到些许的安慰。

《杭州府志》卷九十七、金石部有《慧因寺高丽金议舍大藏经记》的碑目，其注引《慧因寺志》：“元祐元年闵□□撰，金珣书”；又引《教藏记》：“元祐元年章衡撰，唐之问书，文勋篆额，蒲宗孟立石”；然后引《两浙金石志》：“碑今在绍兴府学。额存四字，径四寸，文十六行，正书径寸，结衔三行。碑旧在寺中，石工利其石，移至越中。今碑阴刻顺治十年绍兴府修学记。西湖集庆寺前又有一碑。文与此同，字体甚劣，碑额正书。不知当日何以刻此两碑也。两碑皆有缺字。”据此可知以下诸事：其一，高丽乐而施舍《大藏经》；其二，当时高丽与中国同时立碑记其由来；其三，由于此碑乃佳品，在高丽寺衰败后，石工利其石，运往绍兴，另作他用。现在，集庆寺前的那个同文而字体粗劣的碑石，大概是因为此碑被运往绍兴后，有志之士担心其事迹被湮灭而复制的。然而，高丽寺越来越衰颓，复制的碑石也只好被运往他乡了（图44-2）。笔者常盘曾一度走访此地，追念往昔的盛况，而今眼见它如此衰败，深感碑石的命运真是波澜起伏。（常盘大定 文）

图44-2·高丽寺

圣水寺址

圣水寺址在杭州城吴山西南方面的云居山上。笔者常盘大定于 1922 年 12 月 14 日走访了此地，遗憾的是，连寺名都无人知道。笔者按照文献，又到处寻觅，终于知道浙江陆军军医院分院就是圣水寺址。到了那里以后，才知道分院已废，无人位于此地。庭院四周围着房屋，院内有铜钵，上面有圣水禅寺的刻铭（图 44-3），由此才勉强确认是圣水寺址。

宋代佛印创建云居寺，元代中峰创建圣水寺。据说，以后两者合而为一，号“云居圣水寺”。据记载，云居庵有中峰的舍利发塔，然而现在寺门完全毁灭，无法找到。（常盘大定 文）

图 44-3 · 圣水寺址

玛瑙寺址

玛瑙寺本来在孤山，宋天台学者智圆曾任住持。然而，《释氏稽古略》卷四引《武林图纪》写道：

太后谓，道家四圣，殊有冥助。改孤山寺为延祥观，以奉香火。迁孤山尊者法慧法师智圆全身，葬北山玛瑙坡。

此事发生于绍兴二年（1132）（译者注:《释氏稽古略》写为"绍兴二十一年"）。这样，孤山寺改名为玛瑙寺。该寺元末焚毁，明永乐年间重建，其后几经变迁，现在（1920年12月27日）只剩下徒有其表的新殿，在葛岭之东、宝云山下（图44-4）。

玛瑙寺于后晋开运二年（945），由吴越王钱氏所建。至宋治平二年（1065），寺名改为宝胜寺。（常盘大定 文）

宋智圆法师

复兴于赵宋时代的天台学，分为两派：一派是以四明法智和天竺遵式为代表的山家派，另一派是以梵天庆昭和孤山智圆为代表的山外派。两派对立辩难，加深研究，天台学因此得以发扬光大。两派之间的对立可以归纳为事理并存与唯理非事的差异，也可以说成是色心平等与唯一心法之间的争论，最终的胜利属于山家派。山外派其后被贬为天台学的异端，然而，当时智圆的笔力在钱唐派中尤为出色。智圆在孤山时，虽然杜门乐道，然而学者归之如市。智圆身躯病弱，自号病夫，而讲道吟哦，未尝倦怠。智圆于乾兴元年（1022）圆寂，年仅四十七岁。曾预戒门人曰："吾殁后，毋厚葬以罪我，毋建塔以诬我，毋谒有位求铭以虚美我。宜以陶器二合而瘗之，立石志名字年月而已。"门人从其遗诫。智圆与名士林和靖为邻友。王钦若出抚钱唐时，遵式遣使邀智圆同迓之。智圆笑谓使者曰："钱唐境上，且驻却一僧。"此等逸事让我们景仰智圆的为人。

据传，智圆在孤山的遗址，唐代称为孤山寺，宋初改名为广化寺。（常盘大定 文）

图 44-4・玛瑙寺址

梵天讲寺

梵天讲寺的位置在杭州城南边、凤凰山东面。宋乾德中，由吴越王钱氏创建，旧名南塔，治平中改为今名。该寺经历几多变迁，中兴过后，如今(1922年12月14日)仅存小寺而已。宋代，天台学者山外派的骁将庆昭曾住在这里。当时该寺当是美轮美奂，然而，经历了沧桑之变以后，现在仅留下规模狭小的建置(图45)。

正殿内安放着木像，附有神位，上面写着“思齐贤大师之莲座”。思齐大师乃莲社念佛第九祖，清康熙乾隆时代人，继承明代莲池大师之后，被尊称为莲社祖统首屈一指的人物。(常盘大定 文)

清实贤法师

实贤，字思齐，号省庵。常熟人。于雍正十二年(1734)圆寂，时年四十九岁。或传五十岁。实贤少不茹荤，早岁出家，二十岁于昭庆寺受戒，康熙五十三年(1714)叩崇福寺灵鹫，参念佛有省，曰:“吾梦觉矣。”于真寂寺掩关三年。昼览藏经，晚课佛号。同五十八年，礼阿育王塔，于佛涅槃日，燃指佛前，发四十八大愿，感舍利放光，作“劝发菩提心文”，激励四众，曰:“人皆永明再来”。晚居杭州仙林寺。雍正七年，结莲社，为文誓众，判日课为二十分，十分持名，九分作观，一分礼忏，以毕命为期。临入寂时，道:“生死事大，各自净心念佛可也。”言毕合掌称名而逝。

《莲宗宝鉴》所引的净土圣贤录称其晚年所住为杭州仙林寺，佐佐木月樵氏《中国净土教史》在其所住的寺院中列出了杭州龙兴寺。两书都没有谈到梵天寺，实属怪事。梵天寺内有其像，并将他视为第九祖，南岳祝圣寺将他视为梵天九祖，加在莲社列祖的末位。所谓的仙林寺，或许是梵天寺之误，或许是其异称。(常盘大定 文)

门外石幢

根据记录，山上有七级二十余丈的崇圣塔及释迦如来真身舍利塔，而如今已不存在。在满目荒凉的丘陵半山腰，门外两个大石幢十分引人注目。石幢高约三丈五尺，大小与高度实属空前(图46-1)。石幢为大元帅吴越王所创建，有乾德三年(965)之铭，是建寺时立的。自创建时起，它们历经了九百六十年的岁月，今日依旧如此矗立，实在令人惊叹。石幢受到大自然的损伤程度较小，当年的雕刻，依然十分鲜明。

《两浙金石志》卷五记载了刻于两幢的经名及建幢记。现引用如下：

大佛顶陀罗尼经(左幢经文正书，俱不录。)

大随求即得大自在陀罗尼神尼（可能是“咒”之误）经（右幢）

建幢记

窃以奉空王之大教，尊阿育之灵踪。崇雁塔于九层，卫鸿图于万祀。梵刹既当于圆就，宝幢是镇于方隅。遂命选以工人，凿于巨石。琢鞭来之坚固，状涌出之规仪。王削霜标，花雕八面。勒佛顶随求之加句，为尘笼沙界之良因。所愿家国恒康，封疆永肃。祖世俱乘于多福，宗亲常沐于慈恩，职掌官寮，中外宁吉。仍将福祉，遍及幽明。凡在有情，希沾妙喜。

乾德三年乙丑岁六月庚子朔十五日甲寅日立

天下大元帅吴越国王钱俶建（上俱行书）

（常盘大定 文）

图46-1・凤凰山・梵天讲寺大石幢

图45・凤凰山・梵天讲寺

闸口白塔

闸口白塔为八角九层塔，用灰色大理石建成，立于台基上（图46-2）。台基最下面的石头，各面呈山岳状，上面雕刻波纹，腰部刻陀罗尼。第一层一面宽有二尺七寸三分，塔身四个正面做带拱券的假门。门的左右墙壁有立菩萨像。其余四个侧面有二菩萨，手执幡。斗拱为出二跳，有小天棚，塔檐使用上下两层椽子，呈扇状排列。塔顶作成铺瓦状。第二层与第一层一样有四个面做假门，四个侧面刻陀罗尼。第三层以上，各层四面做假门，侧面有释迦、两罗汉、两菩萨像的浮雕。第二层以上，四周有平座斗拱，而缺少栏杆。相轮为铜制，有露盘、覆钵及轮，但破损严重。

该塔整体形式与灵隐寺大殿前的东西石塔相似，技术颇为精妍，形状亦秀丽。但该塔曾遭火焚烧，有多处损坏。大概是宋初吴越王时建的。（关野贞 文）

《西湖志》卷十一、报恩讲寺记事中讲到有两座白塔，其中的龙山白塔大概就是闸口白塔。王铚云："余与郭寿翁别于钱塘，追送至龙山白塔寺。"又，钱惟善之《晚雨过白塔诗》曰："宋宫传是唐朝寺，白塔崔嵬寝殿前。"《志》记载道："龙山白塔建于唐代，南宋时，此塔已在禁中，故不见于《咸淳临安志》。"然而这是不合事实的。其历存之事，如前所述。（常盘大定 文）

图 46-2・闸口白塔

开化寺 | 六和塔

敕建开化寺旧称寿宁院，由宋初的永明延寿创建。其位置在龙山旁，靠近钱塘江。

六和塔属于开化寺，在月轮山上。同样是由延寿创建，据说初建时里面藏有舍利。宋宣和年间（1119—1125）烧毁，片瓦不留。绍兴二十六年（1156），根据住僧智昙的特志重建。其后，元明时代，屡次遭焚毁，又屡次得到重建。清雍正十三年（1735）朝廷再发帑重建，这大概就是现在（1922年12月13日）我们所见到的塔了（图48-1）。

塔的内部有小碑，插入壁间，上有《四十二章经》。此经为吴越王时代的古迹，各章的书写者不同。还有《金刚经》和《观音经》，这些都是宋绍兴二年的古迹。

塔内下层有一块巨碑，上面题有“敕赐开化之寺”，还用大字刻着尚书省牒及颁牒缘由的四文书。四文书的第一种文书，其内容为：开化寺有六和塔一座，永镇江潮。后受方贼烧毁，片瓦不存。这造成了江潮泛涨，危害到百姓的舟楫。故绍兴二十二年，朝廷下圣旨重修，礼部兴工，临安府转运司共同出力。同二十六年，由于临安府的给帖，僧智昙任住持并督造修建事宜。智昙不愿假官方之力，自舍衣钵，并募净财，造塔七层及院宇百间。智昙寻昔缘，请朝廷赐给敕黄文字。智昙被称为讲唯识因明等论僧。由此可知，他是当时学德兼备的高僧。

六和塔初层平面图

六和塔初層平面圖

其后用大字行书刻着隆兴二年（1164）开化寺敕额下赐传尚书省牒。

第二种文书乃乾道元年（1165）对开化寺给付的劄。有司向朝廷请求给予开化寺特典，得到朝廷的允许。文书中写着塔的创建年代为开宝四年（971），刻有创建者之名。但是，不知为何，创建者的二个字的名字被特地削去。

第三种文书的内容为：隆兴二年，对于以前智昙乞请敕黄一事，圣旨允可。

第四种文书为乾道元年军府的给帖。军府下劄给临安府，劄中传圣旨，对于六和塔完工，褒奖智昙的功绩，命令钱塘仁和县的僧司必须遵依。该文书也将塔的创建年代写为开宝四年，刻有创建者之名。但是，特地将创建者二个字的名字削去，仅留下师之字，实在遗憾之至。被削去的二字，可能是延寿或智觉（图49）。（常盘大定 文）

塔的结构为八角十三层。第一层内外两砖壁四周围着开放式的木制外廊。外廊一面宽有四十二尺三寸五分。由此可知，塔的规模巨大。外砖壁厚度有十三尺八寸八分，四面设出入口。其宽有五尺一寸二分。作穹形天棚，内侧作拱券。

内外壁之间有通路，宽为六尺五寸，以出一跳斗拱支撑穹形天棚。斗拱风格雄大。塔的外面可能经过后人的数次修补，整体上看属于宋代的遗制。内砖壁厚度为十尺一寸三分，南面设出入口，有台阶。内砖壁内部中央有砖壁的中心柱。其四周设台阶，旋转而上，直至上层。

第二层以上，内外砖壁之间设台阶，四周有木制外廊，每面开三处窗户。人们可以从窗户远眺，视野开阔，将四周风景尽收眼底。

往上爬，逐层变小。从外观上看，塔颇宏伟壮丽。塔顶上没有相轮，只冠以宝珠（图47、图48-2）。（关野贞 文）

壁碑刻着《四十二章经》，使用四缘相连的五钴装饰，由四十二人书写而成，在所列的人名当中，特进尚书左仆射同中书门下平章事吴兴郡开国公沈该列于开首，而左奉议郎秘书省校书郎兼国史院编修官兼权尚书驾部员外郎洪迈列于末尾。其中，有“鏡”和“敬”两字缺笔，也有不缺笔的“敬”字。字体有真书和行书，大小也不一样。结尾处有如下跋语：

维祖宗盛时，文物彬彬，蔚然有典谟之风。是时缙

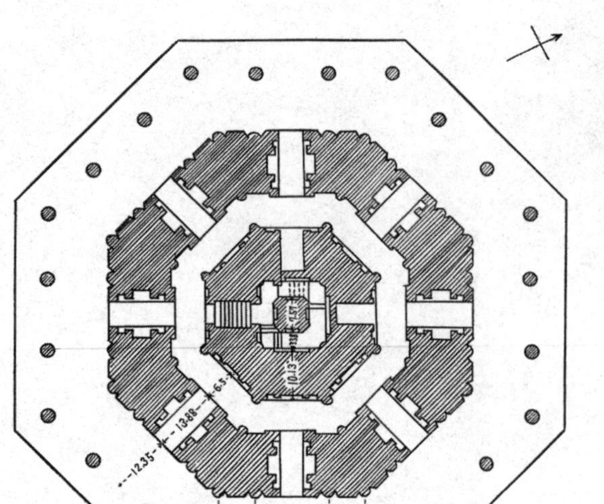

图48-1・六和塔・远望

绅钜儒，若富公弼贾公昌朝辈，分写《金刚经》，刻琢坚珉三十二分。至今蛟龙蛇蜃，翔翱（译者注:《文渊阁四库全书·六艺之一录》写为"翱翔"）踊跃，挹之而疑其飞去也。恭惟盛时，文章制作，上跨三代，下峙两汉。道术奇士辈，推明盛典，命智昙法师，复六和塔，以折海势，各分写《四十二章经》，镌石龛山下，作江湖间（译者注:《文渊阁四库全书·六艺之一录》写为"江河湖间"），旷代绝无，而仅有一胜事。盖散则一大藏，演之不足，聚则四十二章，藏之有余。其言与太易（译者注:《文渊阁四库全书·六艺之一录》写为"大易"）庄老相表里。旨哉淡而不隐，中而不滥也。迦叶、竺法译于前，智圆训于中，骆偃序于后。咸未足以备其大哉。惟众贤举坠典，而一新之故，夷齐虽仁，得孔子而德益彰，颜渊虽笃学，附骥尾而行益显。是经虽微妙宏深，际盛时而理益明，其趋一也。时

圣宋绍兴己卯冬十一月旦跋

西蜀布衣武翊撰

都劝缘住持传慈恩宗教僧　智昙　立石

由这个跋语可以知道，道术奇士之辈命智昙修复六和塔，分写《四十二章经》，镌于石龛山下。劝缘僧乃智昙，时间为绍兴己卯（二十九年，1159），跋语由西蜀武翊撰写。四十二人书写的《四十二章经》完成之后（图50），智昙又请三十二位钜公分写《金刚经》。（常盘大定 文）

刻有《金刚般若波罗蜜经》的壁碑以四缘相连的五钴模样装饰，刻《金刚经》三十二份，由三十二人书写而成，上面有如下的跋语：

昔熙宁盛时，贾文元公与名德耆旧三十有贰人，为僧智利悟朋，共书《金刚经》壹卷，今朝廷奠安，四方无虞，六和塔主僧智昙请于

亲贵钜公，接踵前规，同写此经刻。

由这个跋语可以知道，熙宁盛时，贾文元公与名德耆旧三十二人共书《金刚经》一卷；至绍兴年间，六和塔主智昙接前规，请亲贵钜公，同刻此经于石上。将上述两跋放在一起看，我们可以知道刻《金刚经》的时间在刻《四十二章经》之后。三十二人之书，有真书，也有行书；且大小也不一样（图51）。亲贵钜公书写之事，极大地感动了六和塔主智昙。（常盘大定 文）

刻着《佛说观世音经》的壁碑，最前面刻着白衣观音像，其下刻着劝缘者晓常的南宋绍兴二年（1132）中元日记，另以四段细字刻着《观音经》，即《法华经普门品》（图52）。石碑左端缺裂。晓常之记如下所记：

已定居士董仲永，向施小字观音经，后以湮没遂成中辍，今复命工刊经（译者注:《文渊阁四库全书·六艺之一录》写为"刻经"）于石，用广其施，又求得菩萨妙相李伯墨本（译者注:《文渊阁四库全书·六艺之一录》写为"李伯时墨本"），同刻诸石（译者注:《文渊阁四库全书·六艺之一录》写为"用刻诸石"），作无尽施，仲永稽首合掌说偈。赞曰：

真观清静观　　广大智慧观　悲观及慈观

常愿常瞻仰叹　佛功德上祝

今上皇帝，圣寿无疆

二圣早还京阙，天眷共保千祥，四海晏清，兵戈永息，风调雨顺，国泰民安，法界众生，同沾利乐。

时绍兴二年岁次壬子中元日记

前往庐山三峡云屋叟　　晓常　　劝缘

（常盘大定 文）

图 47 · 六和塔

图48-2・六和塔・内部

敕賜開化之寺

图 49・六和塔内・石碑拓本

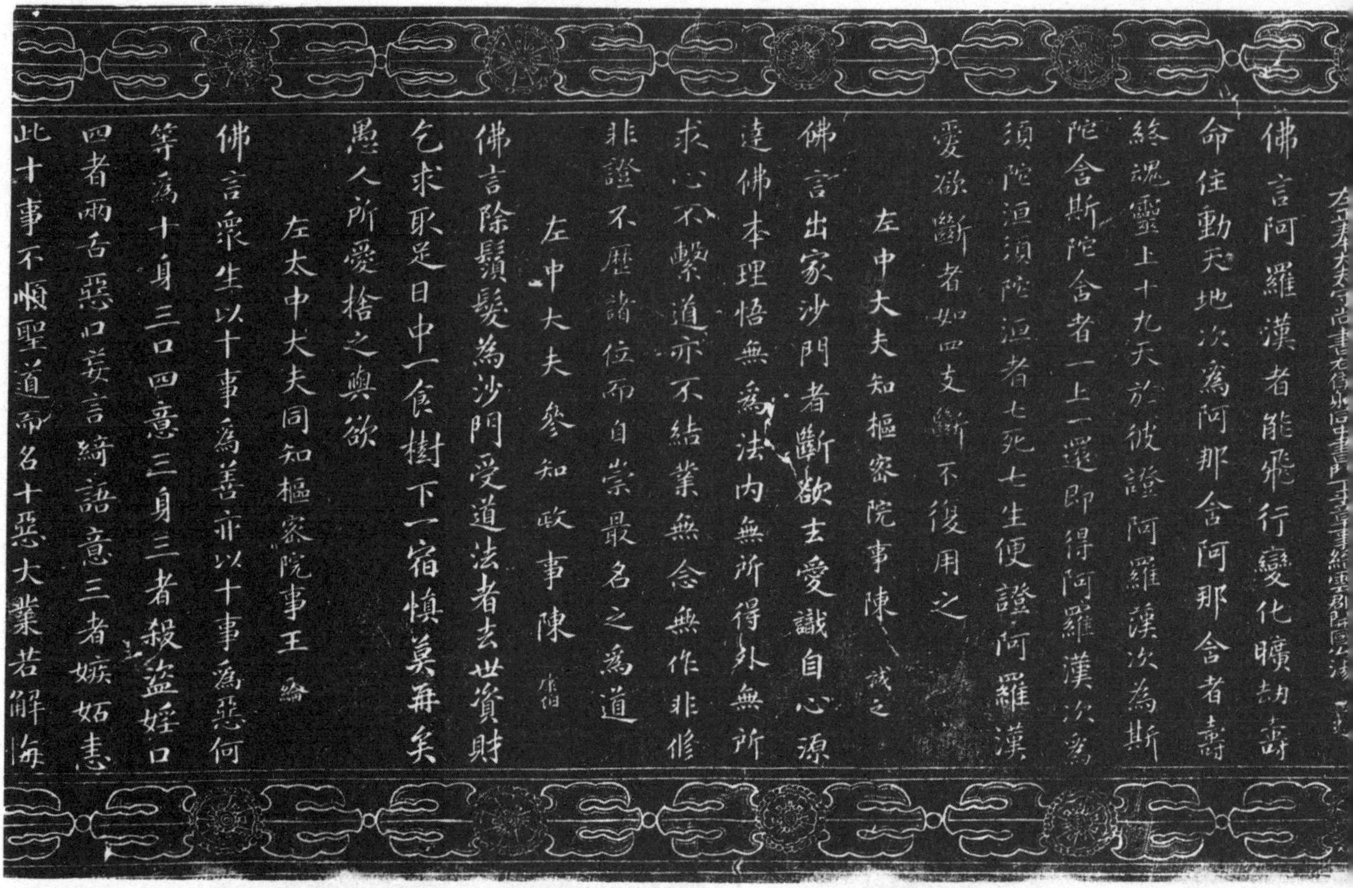

左[illegible]奉大夫守尚書右侍郎[illegible]

佛言阿羅漢者能飛行變化曠劫壽
命住動天地次爲阿那含阿那含者壽
終魂靈上十九天於彼證阿羅漢次爲斯
陀含斯陀含者一上一還即得阿羅漢次爲
須陀洹須陀洹者七死七生便證阿羅漢
愛欲斷者如四支斷不復用之

左中大夫知樞密院事陳 誠之

佛言出家沙門者斷欲去愛識自心源
達佛本理悟無爲法内無所得外無所
求心不繫道亦不結業無念無作非修
非證不歷諸位而自崇最名之爲道

左中大夫參知政事陳 康伯

佛言除鬚髮爲沙門受道法者去世資財
乞求取足日中一食樹下一宿慎莫再矣
愚人所愛捨之與欲

左太中大夫同知樞密院事王 綸

佛言衆生以十事爲善亦以十事爲惡何
等爲十身三口四意三身三者殺盜婬口
四者兩舌惡口妄言綺語意三者嫉妬恚
此十事不順聖道而名十惡大業若解悔

[illegible]

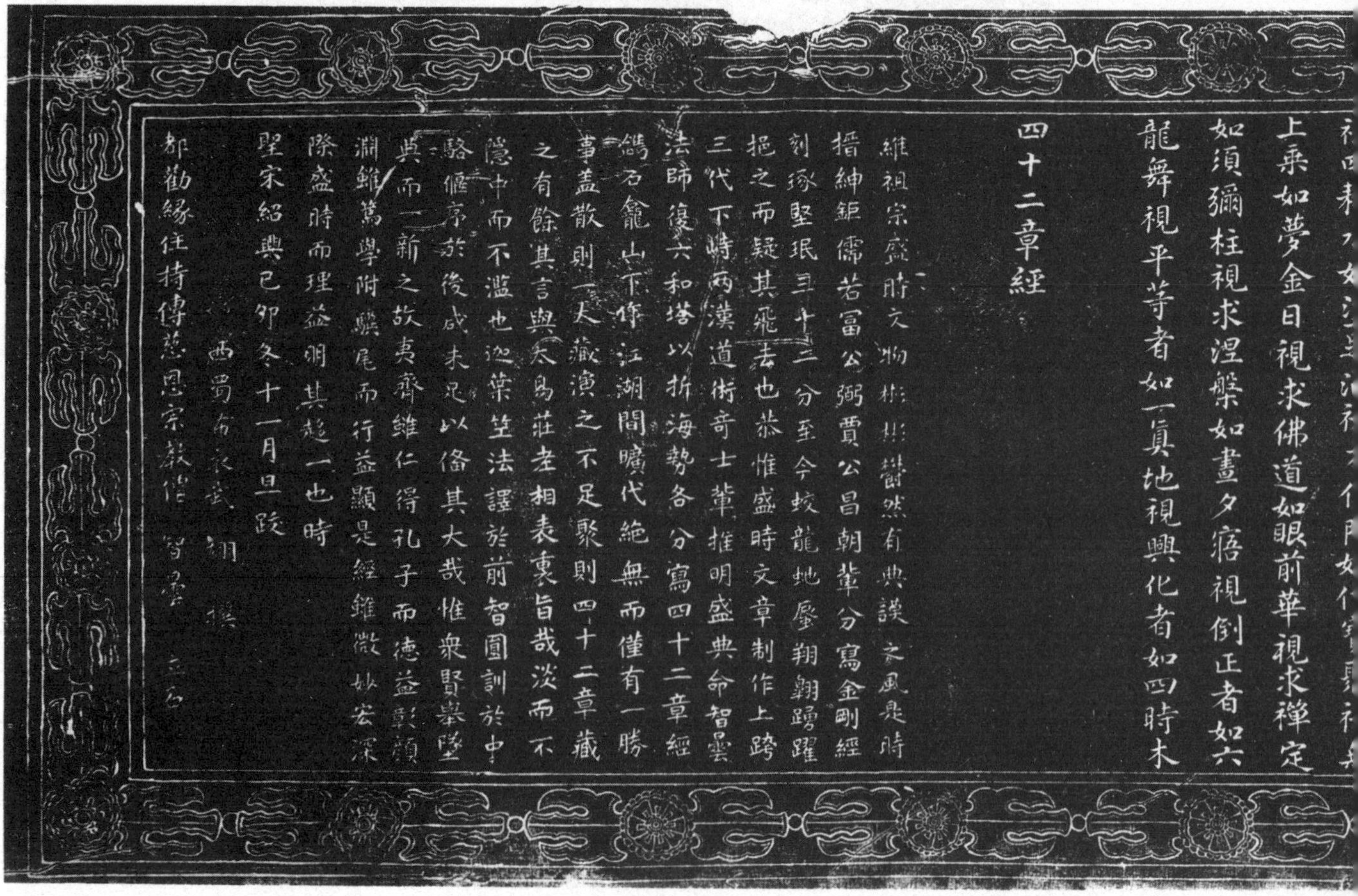

上乘如夢金日視求佛道如眼前華視求禪定
如須彌柱視求涅槃如晝夕寤視倒正者如六
龍舞視平等者如一眞地視興化者如四時木

四十二章經

維祖宗盛時文物彬彬蔚然有典謨之風是時
搢紳鉅儒若富公弼賈公昌朝輩分寫金剛經
刻琢堅珉凡三十二分至今蛟龍地蟠翔翱躍
挹之而疑其飛去也恭惟盛時文章制作上跨
三代下峙兩漢道術奇士輩摧明盛典命智曇
法師復六和塔以折海勢各分寫四十二章經
鐫石龕山下俾江湖間曠代絶無而僅有一勝
事蓋散則一大藏湊之不足聚則四十二章藏
之有餘其言與太易莊老相表裏旨哉淡而不
隱中而不濫也迦葉竺法蘭於前智圓訓於中
駱僱亭於後咸未足以備其大哉惟衆賢擧墜
典而一新之故夷齊雖仁得孔子而德益彰顔
淵雖篤學附驥尾而行益顯是經雖微妙宏深
際盛時而理益明其趣一也時
聖宋紹興己卯冬十一月旦跋

西蜀布衣武翊 撰

都勸緣住持傳慈恩宗教僧 智曇 立石

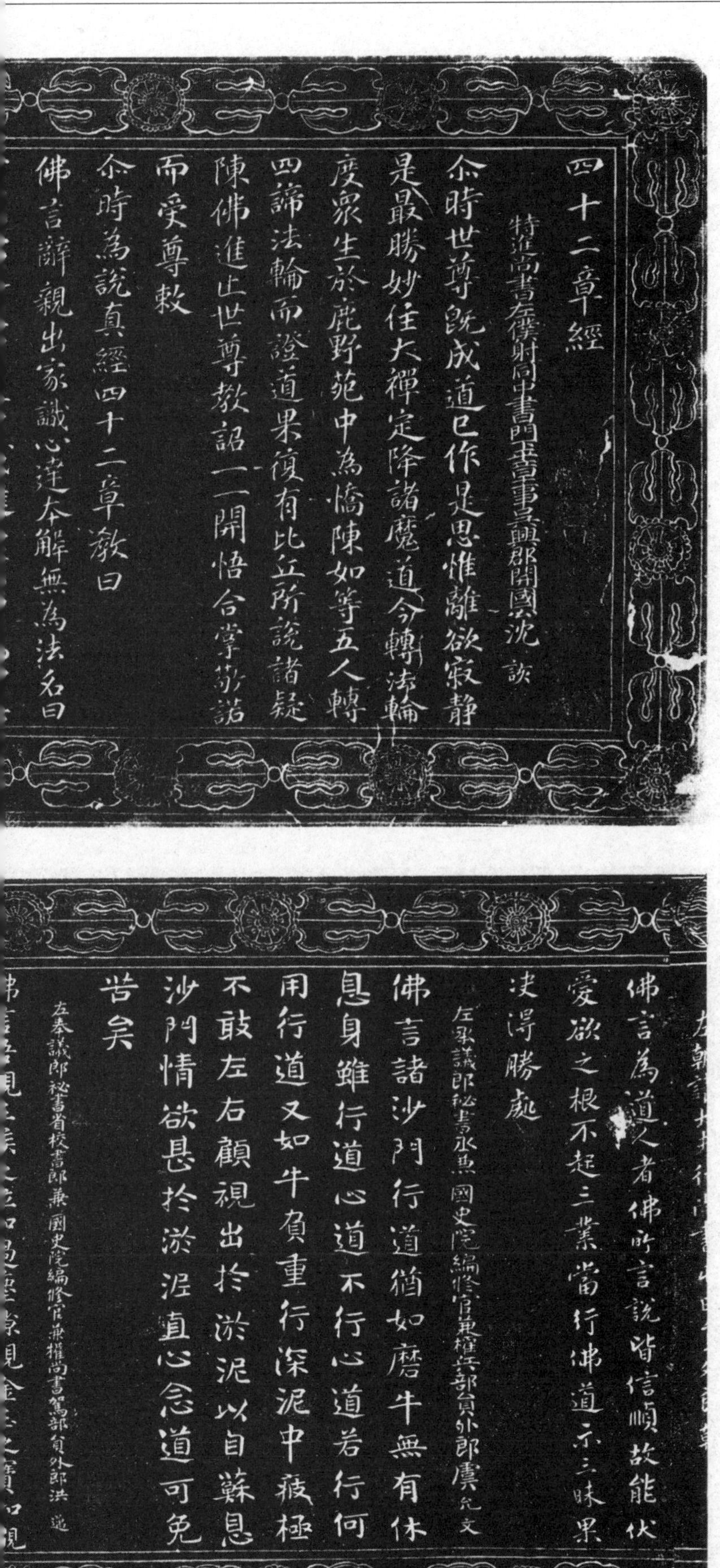

图 50・六和塔内・石刻四十二章经拓本

今諦聽當為汝說善男子善女人發阿
耨多羅三藐三菩提心應如是住如是
降伏其心唯然世尊願樂欲聞

大乘正宗分第三

佛告須菩提諸菩薩摩訶薩應如是降
伏其心所有一切衆生之類若卵生若
胎生若濕生若化生若有色若無色若
有想若無想若非有想非無想我皆令
入無餘涅槃而滅度之如是滅度無量
無數無邊衆生實無衆生得滅度者何
以故須菩提若菩薩有我相人相衆生
相壽者相即非菩薩

妙行無住分第四

復次須菩提菩薩於法應無所住行於
布施所謂不住色布施不住聲香味觸
法布施須菩提菩薩應如是布施不住
於相何以故若菩薩不住相布施其福
德不可思量須菩提於意云何東方虛
空可思量不不也世尊須菩提南西北
方四維上下虛空可思量不不也世尊
須菩提菩薩無住相布施福德亦復如
是不可思量須菩提菩薩但應如所教
住

如理實見分第五

須菩提於意云何可以身相見如來不
不也世尊不可以身相得見如來何以

阿耨多羅三藐三菩提心者於一切法
應如是知如是見如是信解不生法相
須菩提所言法相者如來說即非法相
是名法相

應化非眞分第三十二

須菩提若有人以滿無量阿僧祇世界
七寶持用布施若有善男子善女人發
菩提心者持於此經乃至四句偈等受
持讀誦為人演說其福勝彼云何為人
演說不取於相如如不動何以故

一切有為法 如夢幻泡影
如露亦如電 應作如是觀

佛說是經已長老須菩提及諸比丘比
丘尼優婆塞優婆夷一切世間天人阿
脩羅等聞佛所說皆大歡喜信受奉行

金剛般若波羅蜜經

昔熙寧盛時賈文元公與名德耆
舊三十有弍人為僧智沖悟明共
書金剛經一卷今
朝廷奠安四方無虞六龢塔主僧
智暠請于
親貴鉅公接踵前規同寫此經刻

金剛般若波羅蜜經
姚秦三藏沙門鳩摩羅什奉 詔譯
法會因由分第一
如是我聞一時佛在舍衛國祇樹給孤獨園與大比丘衆千二百五十人俱尒時世尊食時著衣持鉢入舍衛大城乞食於其城中次第乞已還至本處飯食訖收衣鉢洗足已敷座而坐
善現起請分第二
時長老須菩提在大衆中即從座起偏袒右肩右膝着地合掌恭敬而白佛言希有世尊如来善護念諸菩薩善付囑諸菩薩世尊善男子善女人發阿耨多

一合理相分第三十
須菩提若善男子善女人以三千大千世界碎為微塵於意云何是微塵衆寧為多不甚多世尊何以故若是微塵衆實有者佛則不說是微塵衆所以者何佛說微塵衆則非微塵衆是名微塵衆世尊如来所說三千大千世界則非世界是名世界何以故若世界實有者則是一合相如来說一合相則非一合相是名一合相須菩提一合相者則是不可說但凡夫之人貪著其事
知見不生分第三十一
須菩提若人言佛說我見人見衆生見壽者見須菩提於意云何是人解我所說義不不也世尊是人不解如来所說

图51・六和塔内・石刻金刚般若经拓本

[illegible]威神力故若為大水所漂稱其名號即得淺處若有百千萬億衆生為求金銀琉璃硨磲碼瑙珊瑚琥珀真珠等寶入於大海假使黑風吹其船舫飄墮羅剎鬼國其中若有乃至一人稱觀世音菩薩名者是諸人等皆得解脫羅剎之難以是因緣名觀世音若復有人臨當被害稱觀世音菩薩名者彼所執刀杖尋段段壞而得解脫若三千大千國土滿中夜叉羅剎欲來惱人聞其稱觀世音菩薩名者是諸惡鬼尚不能以惡眼視之況復加害設復有人若有罪若無罪杻械枷鎖檢繫其身稱觀世音菩薩名者皆悉斷壞即得解脫若三千大千國土滿中怨賊有一商主將諸商人齎持重寶經過險路其中一人作是唱言諸善男子勿得恐怖汝等應當一心稱觀世音菩薩名號是菩薩能以無畏施於衆生汝等若稱名者於此怨賊當得解脫衆商人聞俱發聲言南無觀世音菩薩稱其名故即得解脫[illegible]

身而為說法應以辟支佛身得度者即現辟支佛身而為說法應以聲聞身得度者即現聲聞身而為說法應以梵王身得度者即現梵王身而為說法應以帝釋身得度者即現帝釋身而為說法應以自在天身得度者即現自在天身而為說法應以大自在天身得度者即現大自在天身而為說法應以天大將軍身得度者即現天大將軍身而為說法應以毗沙門身得度者即現毗沙門身而為說法應以小王身得度者即現小王身而為說法應以長者身得度者即現長者身而為說法應以居士身得度者即現居士身而為說法應以宰官身得度者即現宰官身而為說法應以婆羅門身得度者即現婆羅門身而為說法應以比丘比丘尼優婆塞優婆夷身得度者即現比丘比丘尼優婆塞優婆夷身而為說法應以長者居士宰官婆羅門婦女身得度者即現婦女身而為說法應以童男童女身得度者即現童男童女身而為說法應以天龍夜叉乾闥婆阿修羅迦樓羅緊那羅摩睺羅伽人非人等身得度者即皆現之而為[illegible]

[illegible]名為觀世音
具足妙相尊
偈答無盡意
汝聽觀音行
善應諸方所
弘誓深如海
歷劫不思議
侍多千億佛
發大清淨願
我為汝略說
聞名及見身
心念不空過
能滅諸有苦
假使興害意
推落大火坑
念彼觀音力
火坑變成池
或漂流巨海
龍魚諸鬼難
念彼觀音力
波浪不能沒
或在須彌峯
為人所推墮
念彼觀音力
如日虛空住
或被惡人逐
墮落金剛山
念彼觀音力
不能損一毛
或值怨賊繞
各執刀加害
念彼觀音力
咸即起慈心
或遭王難苦
臨刑欲壽終
念彼觀音力
刀尋段段壞
或囚禁枷鎖[illegible]

[illegible]生老病死苦
以漸悉令滅
真觀清淨觀
廣大智慧觀
悲觀及慈觀
常願常瞻仰
無垢清淨光
慧日破諸闇
能伏災風火
普明照世間
悲體戒雷震
慈意妙大雲
澍甘露法雨
滅除煩惱燄
諍訟經官處
怖畏軍陣中
念彼觀音力
衆怨悉退散
妙音觀世音
梵音海潮音
勝彼世間音
是故須常念
念念勿生疑
觀世音淨聖
於苦惱死厄
能為作依怙
具一切功德
慈眼視衆生
福聚海無量
是故應頂禮

爾時持地菩薩即從座起前白佛言世尊若有衆生聞是觀世音菩薩品自在之業普門示現神通力者[illegible]功德不少佛說[illegible]中八萬四[illegible]

图 52 · 六和塔内 · 石刻观世音经拓本

吴越文穆王神道碑

光绪二十四年撰写的《杭州府志》卷三十九、冢墓之下，关于吴越文穆王之墓有如下记载：王讳元瓘，谥文穆，葬龙山之南原(《吴越备史》)。龙山阳有钱王坟，一邱巃然，其前石兽数枚，制甚奇古，有碑，甚钜。字虽剥落，尚隐隐可读。晋天福二年立，称守尚书令吴越国王(沈宜懋《两湖尘谈》)。

又，有关忠献王之墓，有如下记载：王名宏佐，谥忠献。太常卿张昭撰《神道碑文》。葬于龙山之西南原(《十国春秋》)。

该书卷九十七、金石之下，记载有以下两个神道碑，其文如下：

吴越钱武肃王神道碑

《宝刻丛编》：杨凝式撰，张恭允书，郭在微篆额，长兴五年正月立，在临安县。

吴越钱文穆王神道碑

《潜研堂金石文跋》：天福八年四月立。前半割裂，几无一字，惟首行题"大晋故天下兵马都元帅守尚书"十三字尚存，字特大，径三寸余，较于正文，几大三倍，他碑无此式也。后文字可读者，十之七八，铭词独完好。

《两浙金石志》：在西湖妙因山钱文穆墓道前，文五十二行，行书，径寸，和凝撰，权令询书，拜篆额。

《武林访碑录》：文穆王墓碑，明嘉靖甲午，南京尚宝司卿吕楠书，十八世孙进士钱德洪重立。

将这些综合起来看，可知吴越之守武肃王镠、文穆王元瓘、忠献王弘佐都有神道碑。

又，该书卷九十七、金石二之下，有下碑：

吴越钱武肃王庙碑

《嘉靖临安县志》：丞相皮光业撰。碑在钱湖门外方家峪，祠前有丰碑极高大，虽已驳蚀，然扪之若未尝刻字者。见《咸淳临安志》。

又，该书卷九、祠祀之下有如下记事：

钱文穆王庙

天福七年，以龙山武功堂为文穆王庙。(《吴越备史》)

此外，该书卷九、祠祀之下还记载道："钱王祠在涌金门南，旧名表忠观，祀吴越王钱镠、镠子文穆王元瓘、元瓘子忠献王宏佐、忠逊王宏倧、忠懿王宏俶。宋时，观在龙山。熙宁十年，知杭州赵抃请于朝廷，苏轼作碑记。"(常盘大定 文)

图 53-1・吴越文穆王神道碑

云栖寺

云栖寺在杭州城外南二十里、五云山下。寺外无崇门，有一亭。有一条小径自亭子沿着流入寺内的小河，穿过摩天般的修竹，直通云栖寺。这里幽邃之极，西湖附近没有一座寺院能够与它相比。幽径尽头处就是云栖寺（图53-2）。寺背靠着山，建在狭窄的豁谷间，层层重叠（图55-1）。寺乃吴越王创建。明代莲池大师袾宏在此卓锡时，清规整肃，名声传遍内外。莲池大师乃莲社念佛第八祖。

大殿现在（1922年12月14日）规模颇小。阿弥陀佛为中尊，左右壁侧高处，有二十四天像。中央背后壁侧高处，有十大弟子和六方六佛。大殿背后的祖师殿由两部分组成。高处有莲池大师的木像两个，低处有大师夫人像，挂着红帐。

寺的下方左边有莲池大师塔院（图54）。这里是大师的坟墓，庭院有碑，题曰：

莲宗八祖杭州古云栖寺中兴尊宿莲池大师塔铭并序

大明崇祯四年(1631)

菩萨戒弟子广瀹吴应宾谨撰

这个碑文是中国佛教史上的重要资料之一，然而笔者没有机会将它拓下来，实在遗憾。在来路上，洗心亭处，隔着溪水有一古墓，这是孝义庵太素锦庵之塔。旁有一碑，题“武林孝义无碍庵主太尼太素师塔铭”。这就是莲池大师出家之前的夫人的坟墓（图55-2）。（常盘大定 文）

明袾宏法师

袾宏字佛慧，号莲池，杭州仁和人。袾宏年十七时，补诸生，以学行称。邻有老妪，日课佛名数千。袾宏问其故，妪曰：“先夫持佛名，临终无病，与人一拱而别，故知念佛功德不可思议。”袾宏自此栖心净土，书“生死事大”四字于案头以自策。年二十时，迎夫人张氏。五年后，得一男，既而失之。两年后，父丧。过两年，又失夫人张氏。时年二十九岁。袾宏即不欲娶，母周氏担忧无嗣，强之纳汤氏。两年后，又丧母。袾宏遭遇如此最大不幸，痛哭不措。年三十一，遂出家，在昭庆寺无尘玉律师处受戒，到庐山参辩融禅师，后又参笑岩禅师，皆有所契合。而后，历游六年，在金陵病于瓦官寺，几乎欲绝，勉强痊愈。隆庆五年(1571)，年三十七，乞食云栖，见山水幽绝，居此，有终焉之志。山故多虎，袾宏诵瑜伽焰口，虎不为患。居民乞袾宏祷雨。袾宏乃持木鱼出，循田塍行，唱佛名，时雨随注，如足所及。众悦，运木材造屋，衲子日归附，遂成丛林。入山三十八年后，据万历三十七年(1609)袾宏撰写的《复古云栖寺记》，云栖寺乃宋艺祖乾德五年(967)吴越国王钱氏所建，至英宗治平二年(1065)，易之栖真。袾宏据《咸淳临安旧志》知道此事后，欣喜万分，曰:予仍云栖，暗与古合，事固有适然者。

袾宏因佛教的基本——戒律日渐废颓而感到

悲伤，常谋复兴之。他送书给汤氏，促其决断。万历二十三年(1595)汤氏感其辞，纳袾宏弟之子为嗣子，年四十七出家，参性天和尚，改名为袾锦。同三十四年，汤氏将家称为孝义无碍庵。无碍庵与云栖丛林并立，成为当时的女丛林。袾宏据其嘱，制该庵之记。同四十三年，袾宏面西念佛，端然示寂，寿八十一，葬于云栖寺畔左岭。袾锦于前一年圆寂。

袾宏主张净土，痛斥狂禅，著《阿弥陀经疏钞》，融会事理，统摄三根。其净土教，并非相对于圣道诸宗，而是该罗一代佛教，是具有绝对性质的。以前的禅家，置心于禅而净行。与之相对地，袾宏则立足于禅净归一之教义，心行共净土，同时使之为禅。其基础是使理事相融合的华严教义。袾宏的净土教，是以《阿弥陀经》为中心，并用华严教义来释之。袾宏将经中的“一心不乱”的“一心”视为“灵知灵觉本具之一心”，认为此一心即达摩直指之禅也，认为此一心有事有理也。故，袾宏以净土教作为释尊出世之本怀，作为古今菩萨皆修之物，从《观佛三昧经》之文殊、《华严经》之普贤、《起信论》之马鸣、《楞伽经》之龙树四大菩萨及慧远、天台、百丈等十六尊宿处寻找例证。这样，袾宏的净土教就包容了戒定慧三学，再加入了陀罗尼，将当时的全佛教收入念佛之内。再加上袾宏在日常生活上提倡儒佛相资，可见其抱负之大。因此，袾宏在佛教史上地位甚高，他不仅是明代一颗璀璨的明星，而且其对现在的影响也明显地大于同时代的其他佼佼者。(常盘大定 文)

图 53-2・云栖寺・外门

入禪定
白雲時往還
蓮自開放

图 54 · 云栖寺 · 明莲池大师塔院

图 55-2·孝义庵太素锦庵塔

图 55-1・云栖寺

石屋洞

从西湖西南角赤山坡登岸，往西南方向行进，过一小丘，便来到了南高峰下大仁禅寺。寺后有一个天然洞，深八尺，宽二十尺许，洞壁雕刻着大大小小的佛罗汉。这里叫石屋洞，因高敞如屋而得名。大洞右方有一窦，左方上部有别洞，都有一些雕像。文献所记载的镌刻罗汉五百十六身的地方，就是这里(图56)。

大洞中部有七尊龛，以释迦坐像为中心，左右侠侍两罗汉、两菩萨、两力士，上部龛外有两飞天(图57-1)。

七尊龛左方有高低两小龛。低者为三尊龛，加有布袋形之物(图58-1)；高者为一佛二菩萨龛，均为坐相(图57-2)。

环绕着此三龛的整个岩壁、小窦右壁的一部分、大洞右方外壁一部分以及上方别洞左壁一小部分皆刻着小罗汉(图58-2)。而像侧有许多地方刻着诸如“女弟子……伏为自身造一躯甲辰”之类的文字。人们若一一仔细看，便可以知道造时、造缘及制造者的详细情况。

可惜的是，主要部分由于需要涂金而加上了漆。主尊释迦如来已经涂了金，其他的仍然是赭色。

杨州阮元编录的《两浙金石志》卷三(译者注:应为《两浙金石志》卷四)记载:“……石屋洞题名、像侧最多。兹就其可榻者得晋开运十九、汉乾佑一、周显德三、无年月十八、宋三案……间有列衔，如，天龙军、客省承旨。”云云。造像题名列举如下：

后晋弟子陈及奉，为自身造一躯，永充供养。开运二年三月镌。

天龙军副将潘彦并妻陈十二娘，共造罗汉二躯，永充供养。甲辰记。

弟子何承渥，造罗汉贰躯，为报父母恩，永充供养。甲辰十月十日。

弟子金君德，为自身造一躯。记。女弟子孙十娘造一躯。甲辰记。

弟子汪仁胜，造罗汉一躯报答父母恩，永充供养。甲辰记。

弟子朱□荣，为保自身造罗汉一躯，永充供养。甲辰。

弟子潘保成，伏为家眷造一躯，永充供养。甲辰记。

弟子顾君胜，伏为保安造一躯，永充供养。甲辰

弟子徐绰，为自身造，永充供养。甲辰记。

弟子徐安，为亡妣翁八娘造，永充供养。甲辰记。

女弟子李七娘，为自身造罗汉一躯，永充供养。甲辰记。

女弟子符二娘，供(译者注:根据《两浙金石志》，应为“伏”，而非“供”)为自身造一躯。甲辰。

女弟子罗三十四娘，为自身造。甲辰。

伏为自身并家眷等造罗汉一身，永充供养。乙巳三月，弟子郭令威记。

弟子傅可询，保安家眷。乙巳三月十五日。

弟子钟延时，造罗汉壹躯，为四恩三友，永充供养。乙巳四月一日记。

弟子袁文铉，造此罗汉一身，永充供养。乙巳十月记。

女弟子王二十娘，造此罗汉一身，永充供养。乙巳十月记。

奉国寺大德尼守忠，伏为自身保安。乙巳岁记。

弟子秦彦蹈，造山罗汉，奉为父母亲缘，永充供养。乾祐元年五月三日。

当院僧愿昭谨舍衣囊，镌庆友尊者，伏为亡考俞四郎，□妣张一娘，资荐生方，超升净域，永充供养。时癸丑仲春九日题，永为不朽耳。

弟子夏保威，谨蠲净财，造罗汉□躯，伏为追助先考十一郎。□在生□□疾患之时，发心镌造□□不负前愿，刊石□□□容所冀说此□因超□□□□保威身躬宁谧，运用亨通。丙辰□□□月二日记。僧历(译者注:《两浙金石志》写为“僧愿”)□命书。

客省承旨，朝散大夫、守卫州刺史张万进，奉宣差押元帅大王官告国信，经历到院，睹圣迹罗汉，发心镌一尊。为父母小男永寿、保安身位，阖家眷属福寿延长。显德六年十一月日，永为不朽。

阖门承旨梁文谨，奉宣差押元帅大王官告国信，经历到院，睹五百罗汉，发心舍净财，镌造一尊，为亡父母小女子七娘，永充供养，永为不朽之耳。显德六年十二月日永记。

弟子金马都副将戴彦并妻沈一娘，同发心，造罗汉一躯，永充供养耳。

中直都上押□胡曹并妻杨七娘，造一身供养。

弟子江廷济并母亲王十一娘、妻夏六娘，因发心，敬造往世……躯。永充……岁……题记……因……之果。

弟子喻承庆，保安身位，造一躯，永充供养。

弟子喻仁□，保安身位，造一躯，永充供养。

图 57-1・石屋洞・中尊

弟子沈沂、沈河，伏为保安身位，造二躯，永充供养。

弟子郭延宾，造□奉为四恩三友，一切含灵，□□共礼弥陀。□□□□。

弟子张仁裕，伏为家眷保安，造一躯，永充供养。

弟子金匡艺，伏为保安身位，永充供养。

弟子沈珀，为母亲，造罗汉一身，永充供养记。

弟子翁松，为亡妣王二娘，工造罗汉一躯，永充供养。

弟子凌途，伏为保安造，永充供养。

弟子宋达，造一躯，为自身，永充供养。

弟子申德全，为亡考二郎造，永充供养。

弟子张福，为自身造，永充供养。

弟子罗景洎，保安身位，造一躯，永充。

弟子王□并妻徐三娘，共造二躯，供养。

尼思从，伏为保安身位，造一躯，永充供养。

女弟子阮四娘，伏为自身，敬舍净财，镌造罗汉一躯，永充供养，乾德三年十月。

□□□□副使杨柳堤，为资荐父卅（译者注:《两浙金石志》写为“父世”）□，造罗汉两躯，永为供养。时乾德六年五月日，重修记耳。

□南□过尚仪王十二娘子，镌造阿弥陀一躯，观音菩萨一躯，□□前□愿，永充供养，时甲戌岁十月日题记。

甲辰干支者有十二人，这应该是指后晋开运元年。乙巳干支者有六人，这应该是指开运二年。癸丑应该是后周广顺三年。丙辰应该是后周显德三年。无年号者有十八人，根据书体判断，可能属于五代末。若确实如此，则石屋洞的造像时间大概是五代。

《两浙金石志》卷四记载道：石屋洞摩崖还有后汉朱知家镌的《观音像赞》，并刊载了下文：

……大夫朱知家，发心舍净财，镌写观自在菩萨尊像一躯。并装彩龛室等。因而赞曰：

大圣观音，身现尘刹。随声响应，咸见菩萨。了兹宝相，孰不解脱。善哉净信，本惠清豁。命乎郢手，倚岩镌割。水月现前，俨然生活。巍巍乎非常名焉，公善达分而深远。

唯愿以此功德，上报四恩，下霑三有。自身及见生眷属，与法界有情。同回向无上菩提，世世常得见佛见菩萨。常生净土，早成妙果，永充供养。

乾祐三年岁在己酉九月十四日记

此铭（图 57-2）可能是刻于三尊龛左方摩崖的作品。笔者常盘于 1922 年 12 月 13 日访查此地时，铭文有多处剥落，无法阅览。若果然是这样，则朱知家镌刻的观音像应该是在刻铭下的坐佛。中央七尊、刻铭右方的三身、加有布袋的三身以及朱知家的三身，这些合起来，再加上五百罗汉，总共有五百十六身。

《两浙金石志》卷十四记载道（下文刻在石屋洞前）：

昔在石晋天福年中，开山建院，刊坚珉为瞿昙罗汉像，凡七百余尊。星霜屡易，大欠庄严，遂投诚檀信，择吉鸠工，重绘重整，再饰再新，以广其传。愿一切人普同瞻仰，后之人继承我志，时理之应（译者注:《两浙金石志》写为“庶”，而非“应”）永示于不朽也。

大德六年，岁在壬寅，能仁□□住山□□永隆谨志。

撝指□大檀越芳名，具列于后。提领□□□□施天禁（译者注:《两浙金石志》写为“施天慧”）。

这是元代大德六年（1302）的作品。虽然是有关修饰之事，然而，它将能仁寺的开山以及石屋洞的开凿时间看作是后晋天福年中（947），将造像的数目视为有七百余尊，颇有独到之处。《志》据此刻文，将《旧志》的五百十六尊判断为错误，这可以作为参考。（常盘大定 文）

图 56 · 石屋洞

图 57-2 · 石屋洞 · 左方小龛

图 58-1 · 石屋洞罗汉五百十六身中

图 58-2 · 石屋洞罗汉五百十六身中

烟霞洞

烟霞洞位于南高峰半山腰上，在石屋洞西南方，两洞相隔四里许。山麓下有牌门，上题洞名。爬上后，可以见到一座寺。该寺原本称为烟霞寺或清修寺，现在（1922年12月13日）不称寺名，内有一个颇具俗士之风的僧人在掌管。寺的右边有一个天然的大窦，其深三十步，宽五六步，靠近外面的地方高有一丈余，越往里进越低。窦的两侧有造像。这里就是烟霞洞（图59-1）。

洞的最外部刻着迦叶、阿难两罗汉，左右相对（图62-1、图62-2）。接着是观音、势至两菩萨，相对而立。观音右手持杨柳，左手执宝瓶（图60）。势至宝冠上有化佛，双手交叉，右手执念珠（图61）。势至之相，与常见的白衣观音相仿，不过，若将其视为一对侠侍，则将其当作观音、势至较为妥当。其容颜端严，乃五代的杰作。

势至之左，有一座八角七层塔。在露于外面、游客能够看得到的七层三面当中，正面上部五层刻着三尊、五尊或七尊，其他二面六层以及塔的左右上的岩壁上，刻着千体官人（图59-2）。故该塔有千官塔的名称。这是洞中最具特色的作品，后面还会提及。与观音之右相接的，有入定相的罗汉。其右下有侍僧，手捧梵箧；左下有勇士，双手捧一物（图63-1、图63-2）。其他还有持尘尾的罗汉以及胸部藏佛面的罗汉。这可能是代表“外现罗汉相，内藏菩萨心”（图64-1、图64-2）。

从这些罗汉像旁走过，便可以看到左右两侧相交处有释迦坐像。其右边有小佛和孔雀明王像。千佛塔左边有布袋之相。布袋可能是中国的弥勒佛。除了这些以外，其余的都是罗汉像。

阮元编录的《两浙金石志》卷三（译者注：应为《两浙金石志》卷四）记载道：吴越吴延爽之记刻在烟霞洞内石罗汉侧。并刊载其文如下：

□□都指挥使银青光禄大□右仆射□海县开国男食……吴延爽，舍三十千造此罗汉。……

阮元随后考证道：“《咸淳临安志》载：晋开运元年（944），有僧弥洪，结庵洞□，遇一神人指此山后有圣迹，何不显之。洪寻至山后，见一洞内有石刻罗汉六尊。洪既卒，吴越王钱氏梦僧告曰：‘吾有兄弟一十八人，今方有六，王可聚之。’梦觉访于烟霞洞，有六罗汉。遂别刻一十二尊，以符所梦。今得此刻，知当日亦是募众缘而成，非出吴越王一人之力也。诸像皆有题字，磨灭不全。唯全此三行，侧面向里，须秉烛方见也。吴延爽乃延福之弟，文穆恭懿夫人兄弟五人中的一人，云云。”

《两浙金石志》关于洞内石塔的题名写道：“此塔俗称千官塔，就岩石开凿。凡七层，高二丈余，制极精细。每层门柱间皆系衔名，塔旁左右两石壁列数百人。衣冠整肃，作礼塔状。肩侧记男女姓氏，皆当时舍钱之人。塔上有都指挥吴延爽名。……是塔与像同时并建。”石塔的题名：第二层左侧柱间写着“副僧官延庆”。第三层正面柱间写着“□□杨仁□”。第四层正面左柱上写着“□使施泰”。同一层正面右柱上写着“郡君□□□□”。第五层正面左柱上写着“都指挥使吴延爽”。同一层正面右柱上写着“杜承诲”。同一层右侧柱间写着“苏升”。第六层正面左柱上写着“指挥使徐蟠”。同一层正面右柱上写着“县君盛氏八娘”。第七层正面左柱上写着“杨氏□”（译者注：《两浙金石志》写为“杨仁□”）。同一层正面右柱上写着“沈七娘”。

据此可知，徐蟠是指挥使，而吴延爽是都指挥使。另外，塔的左壁还有二十九列题名，右壁有三十列题名。三十列的末尾，刻着“千人功德百钱”。《两浙金石志》写道：“清嘉庆元年（1796）冬，何梦华收访南北两山石刻，亲至洞口，始为拓得，并疏记之。”

根据以上刻铭，我们可以确实知道，烟霞洞造像的主要运筹人物是文穆恭懿夫人之弟吴延爽，由此可以推测造像的年代为五代。（常盘大定 文）

图59-2·烟霞洞·洞内八角石塔

图 59-1・烟霞洞・外景

图 60 · 烟霞洞 · 观音菩萨

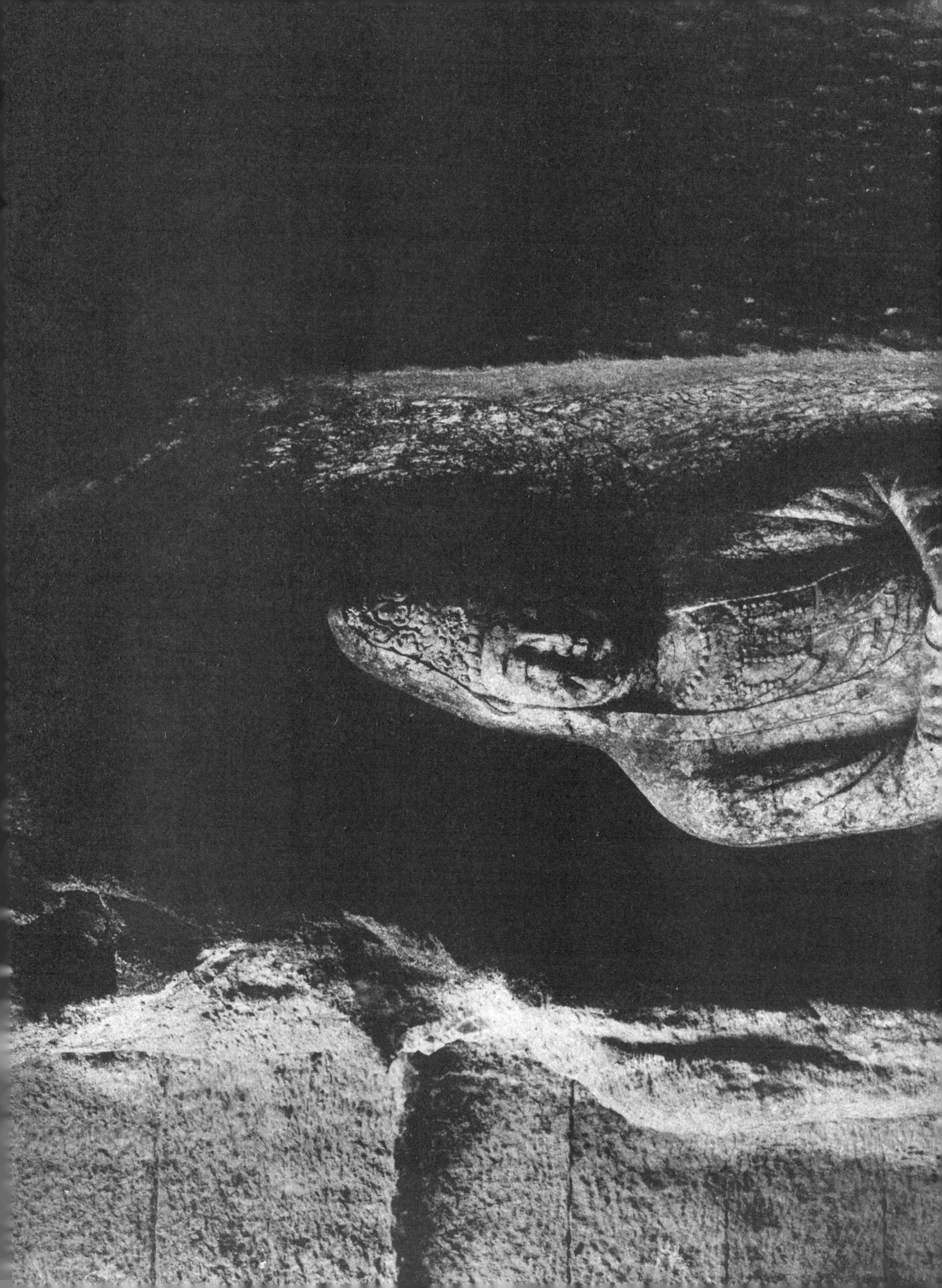

图 61 · 烟霞洞 · 大势至菩萨

图62-1·烟霞洞·大迦叶

图 62-2 · 烟霞洞 · 阿难陀

图 63-1・烟霞洞・罗汉和侍者

图 63-2・烟霞洞・侍者

图 64-1・烟霞洞・罗汉（十八罗汉之二）

图 64-2 · 烟霞洞 · 罗汉(十八罗汉之1)

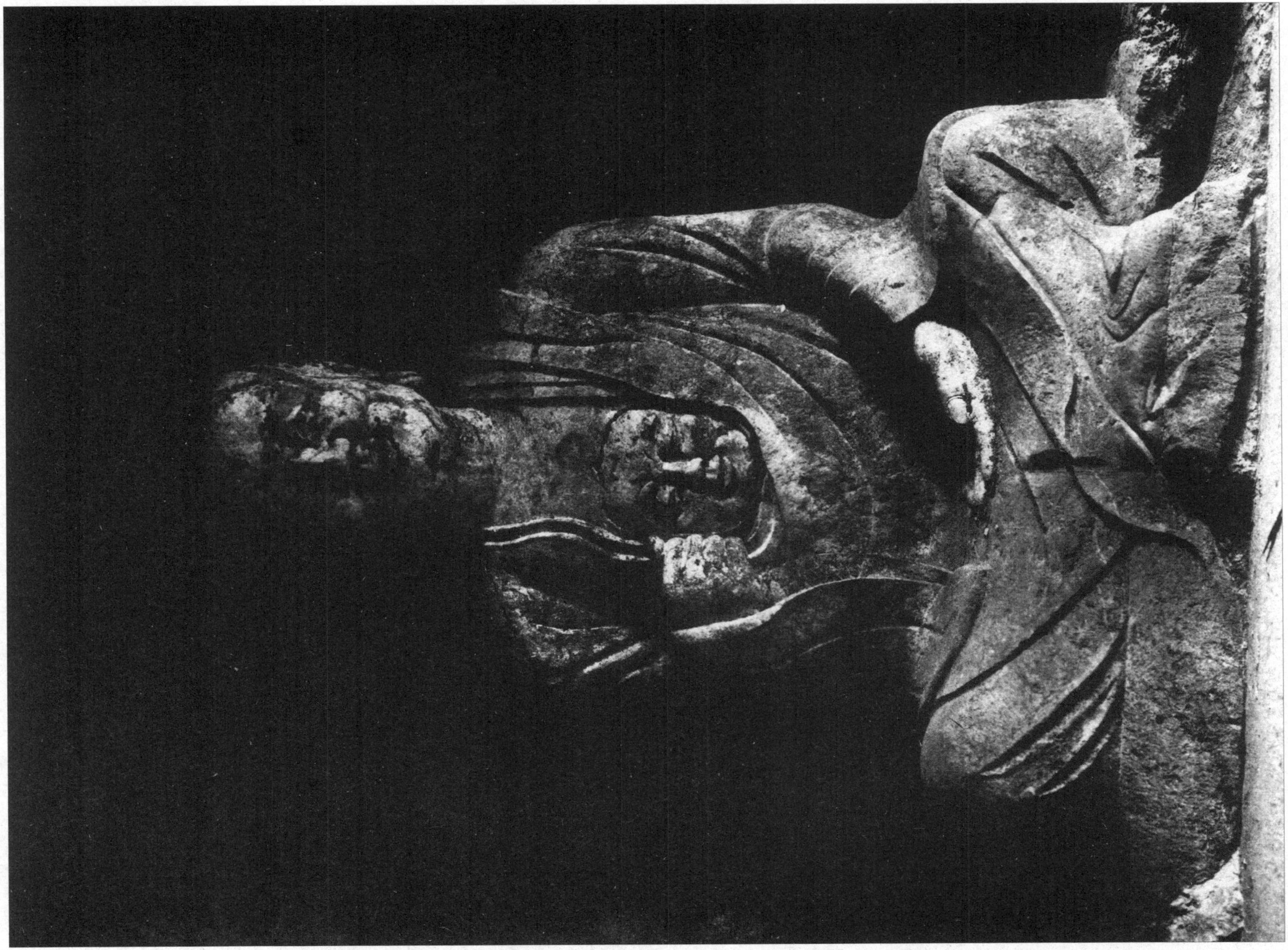

飞来峰

灵隐寺门外，隔着一条小溪，有一座山，称为飞来峰。飞来峰的山体由石灰岩构成，虽然不是很高，但山岩峭绝，处处可见洞壑。相传灵隐寺开基西僧慧理曾登此山，叹道:“此乃中天竺国灵鹫山小岭，不知何年飞来?”因号其峰为“飞来峰”，又名“灵鹫峰”。1919年，笔者关野贞游印度，亲登灵鹫山，见山中屏峦叠嶂，与飞来峰的景致颇为相似，这才知道飞来峰的传说并非毫无根据。飞来峰有三大洞穴，位于最南端的称为青林洞;其次是北边的洞穴，姑且称为罗汉洞;最北的称为龙泓洞。龙泓洞靠近横跨溪流的亭桥(春淙亭)。入龙泓洞，在分岔处向北而去的，称为射旭洞。这四个洞的内外及飞来峰沿溪的峭壁上，雕刻着许多从五代到宋元时代的佛像、佛龛。佛像的旁边大多刻有铭文，但是现在(1922年12月15日)大部分已经磨损了，看不清楚。众所周知，中国的石窟艺术早在北魏时期就兴起，并繁盛于隋唐时期。隋唐时期的作品，以云冈、龙门石窟为首，在中国各地保存较多，然而五代以后的石窟却寥寥无几，少有耳闻。而飞来峰却保存了数量如此之多的五代以后到宋元时代的佛像、佛龛，堪称是中国佛教艺术史上最为重要的艺术宝库。(常盘大定 文)

在青林洞南面的入口上方，东边的岩壁上有个卢舍那佛会的浮雕(图65)，此浮雕创作于北宋乾兴年间。佛会的周围，刻有熙宁辛亥、熙宁丙辰、元丰二年、嘉定十五年等年代后人的题字。另外，入口上方还刻有下生弥勒的坐像，像高约二尺，应该是与卢舍那佛会创作于同一时代。

卢舍那佛会对面的岩壁上，雕刻着十八罗汉的小像。这些罗汉像深深嵌入岩壁，每一尊高约一尺，有宋皇祐二年六月二日的铭文。

又，青林洞口的左方高处上刻有毗卢舍那、文殊、普贤的三尊佛像。这三尊佛像雕刻于元代至元二十九年(图67-2)。

进入洞口往右走，尽头处有三个小坐佛，上面刻有“□顺元年岁次辛亥四月三日”等字样。这应该是《两浙金石志》卷四所记载的《后周滕绍宗造像题名》的作品。铭曰:

当山清信弟子滕绍宗□□右□，敬舍净财，于石室内镌造弥陁□尊观音势至休(像?)。伏为自身，恐有多劫冤愆，今生故悞。伏愿□不□之胜因，滌累刦之债滥。时广顺元年岁次辛亥四月三日镌记。

广顺元年乃后周太祖建国之年，即公元951年，这是飞来峰所有带年号铭的造像中最为古老的。

三佛像的左边有一尊刻着造像铭“崇宁改元岁次壬申”的佛像，已完全坏泐。此三佛像下面还有小佛像。

这里天棚较低，到处倒挂着钟乳石，特称为“玉乳洞”。因为右方没有岩壁，内部颇为明亮。往北行约二三十米处，东面破损，开了一个洞口。现有大石落下横卧在洞口处，洞口的南面岩壁及洞内有释迦像三尊和五十余尊的小罗汉像(图67-1)。

青林洞的造像虽然是从后周时代开始，但还是以宋代的为主，元代的作品比较罕见。南面入口的两毗卢舍那龛，分别是宋、元两个时代的典型代表作品。

青林洞北边约55米处有一个大洞，洞道有六处开口，内部构造复杂，里面刻有约四尺高的罗汉像数十尊。这些罗汉像雕刻手法素朴，很难称得上是佳作，应该是元代的作品。其南面开口处左方有如下刻字。这大概是作者的名字。

奉训大夫漷省

理问阿里□□□

从北边出此洞，就到了春淙亭前，也就是理公塔

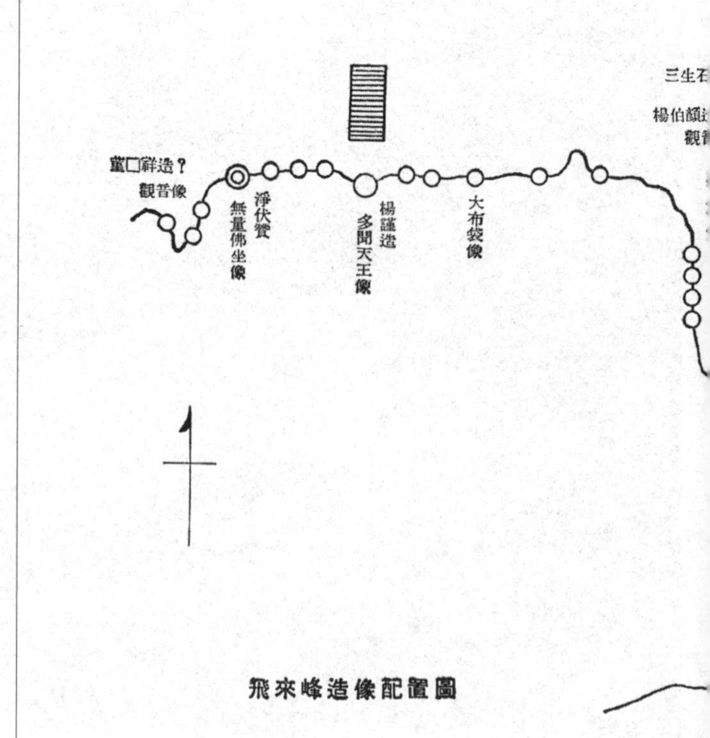

飛來峰造像配置圖

的所在地。

龙泓洞在春淙亭旁，北面有个入口。其断崖高约三四十尺，雕刻有许多佛像。佛像大多数属于至元年间的作品（图71-1、图73-1、图73-2、图74-1、图74-2）。洞口右边崖壁下方，刻有白马负经像西来之图（图71-2）。

进到洞里，可以看到左壁有咸淳丁卯、宋朝宰相贾似道的题名。其内容为：

咸淳丁卯七月十八日，
贾似道，以岁事，祷上竺
回憩于此，客東无嘉，俞
昕、张濡、黄公绍、王庭，从
子德生侍，期□不至者，
廖莹中。

除此之外，洞内还有很多题名。洞宽约二十尺，洞顶呈三角状。有一尊半跏菩萨像在龛内，龛的左右两边有童子像，而左边童子像已彻底毁坏。

龙泓洞外还有一个小洞，称为射旭洞。洞内用石头堆砌成宫殿状，其中安放了六尊佛像。透过洞顶的一个极小的石缝能看到一线光天，这就是著名的一线天，同时也是射旭洞名字的由来。再往里走，就可以从另外一个洞口出去，而那个洞口的周围也刻着很多佛像，大部分佛像是元代时期的作品。

由亭桥到寺门，巉岩如屏风般列峙于溪流右岸。断崖上，刻着不下于几百个佛龛、佛像。有释迦、有弥陀、有弥勒，也有骑狮多闻天、观音、天部，几乎都是至元年间的作品，尤其是至元二十四年到二十九年这段时期的作品占大多数。至元二十四年距宋灭亡的时间仅为八年，蒙古夹新胜之势，在南宋故都开凿了无数的石龛、石佛，其一是为了威压故国之民，其二是为了庆祝新皇帝的即位。这些佛像中，有元帅伯颜载造的佛像，还有江南摄胡总僧杨琏真加造的佛像。（关野贞、常盘大定 文）

看了这些宋元时代的雕刻，我们对其式样的多变深感震撼。宋代雕刻样式毕竟只是延续了唐代的风格，但是元代的雕刻就有很多喇嘛教的元素在里面，和宋代雕刻性质以及手法有着极大的不同。杨琏真加是信奉喇嘛教的蒙古僧，因此他主持雕刻的佛像，自然都是属于喇嘛教风格。我们在中国北方没有看到那一时期的作品，却在南宋的故地——飞来峰接触到这么多喇嘛教派的佛像，的确是相当的意外。（关野贞 文）

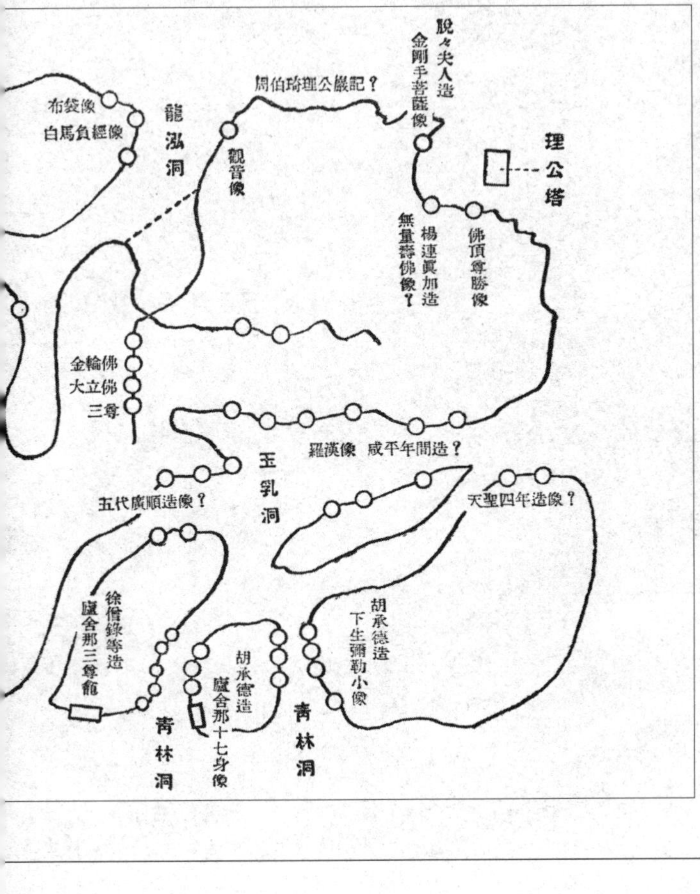

飞来峰造像配置图

青林洞外壁　卢舍那佛会一十七身像（图65）

卢舍那佛会一十七身像位于青林洞南边洞口右壁上，下端离地约十余尺，其上面作成拱券状。工匠在其低处岩壁凿出一块凹面，在里面雕刻了诸佛像的浮雕。龛宽约四尺七寸，到拱券顶的高度也约有四尺七寸，其左方有刻铭。我们从刻铭的内容中可以知道，这是宋代乾兴□年（1022）胡承德的造像。

弟子胡承德，伏为四恩三有，命石工镌
卢舍那佛会一十七身。所期来往观瞻，
同生净土。时大宋乾兴□□四月　日记。

除此以外，龛的周围还刻有熙宁辛亥、熙宁丙辰、元丰二年、嘉定十五年等年代后人的题名。

龛内中央莲座上，有一尊卢舍那佛的坐像，头戴宝冠负背光。坐像和莲座的制作技巧都颇为细腻华丽。坐像左右有文殊、普贤两菩萨，骑着狮象；另外还有四天王以及四菩萨像、随身供养者等，共有十五躯。加上龛外上方、左右两躯飞天，一共是十七身。这些佛像秉承了唐代遗风，但是手法极其纤巧。龛的左右以及下方，有小佛像、罗汉像十数躯。

另外，入口上方还刻有下生弥勒像，有如下铭文，

胡承德并同家眷属，同发心，刊下生弥勒尊。亲□三身记。

（关野贞 文）

图 65・飞来峰・青林洞外壁・庐舍那佛会一十七身像

龙泓洞内　观音菩萨像

观音菩萨像刻在龙泓洞内壁上（图 66）。观音菩萨坐于方座上，左脚垂地，履小莲花，头戴宝冠，右手执念珠，左手放于膝头。其相貌温丽，姿态稳静，衣纹线条优雅，极尽周匝之妙。由其样式可以推断出它应该是宋初的作品，乃飞来峰雕刻群中第一杰作。（关野贞 文）

图 66・飞来峰・龙泓洞・观音菩萨

玉乳洞内　小罗汉像

玉乳洞东边有一块大石落下，几乎堵塞了入口。此入口的右壁(南)上刻着释迦三尊及释迦坐像等，其上下左右直到洞的其他部分刻有五十余躯罗汉像。本尊高约二尺，最大的罗汉像高有二尺余，最小的才七八寸。凿刻技巧简朴，均为宋代的作品(图67-1)。三尊佛的下端刻有淳祐戊申八年(1248)的铭文。另外，小罗汉像中，多数刻有咸平年间(999—1003)的造像铭。以下根据《云林寺续志》卷七其中数刻，记载如下：

清信弟子董延赞，为亡妻殷四娘舍净财，造大阿罗真者第一身。咸平三年五月日。

□信弟子吴□□□舍净□□大阿□□□者第一身□□平三年五月日。

□子周延庆，造大阿罗□第五身。□□三年五月日。

清信弟子高□宋，舍净财□第□罗汉□□□咸平三年二月。

□信弟子□像□□净财，造十□罗汉尊者。咸平三年十月。

清信弟子文大□先考八郎，造罗汉第十一尊者。咸平三□□□□。

弟子汤用，舍净财，造第十二身罗汉资荐亡考亡妣生界。咸平四年三月日。

…………为□□□造□□□汉第十三□□□平四年三月日。

清信弟子□正□造第十五身罗汉尊者。咸平四年十月日。

清信弟子庆还□□造十五身罗汉尊者。咸平□年十月日。

清信女弟子苏氏七娘，舍净财，造第十六尊者。咸平三年十月。

□□弟子□照，舍净□，造第十八身罗汉尊者。咸平四年三月日。

清信弟子□生□□舍净财，造□八身罗汉一尊者。咸平三年二月日。

清信弟子□□恭，舍净财，造□□八身罗汉尊者。咸平三年十月日(译者注:《云林寺续志》写为"咸平三年十月")。

罗汉造像除了以上十四尊外，其余还有多达四十尊的造像，详情如下：

大□罗汉尊者□身　咸平三年

大阿罗汉尊者三身(大概是第三尊者之意)　咸平三年

罗□□身　咸平四年

□汉尊□□身

只写"罗汉一身"者有三十。其中咸平三年者有一，咸平四年者有九，咸平五年者有三，咸平六年者有四，无年号者有十三。

只写"一身"者有三。

难辨别文字者有三。

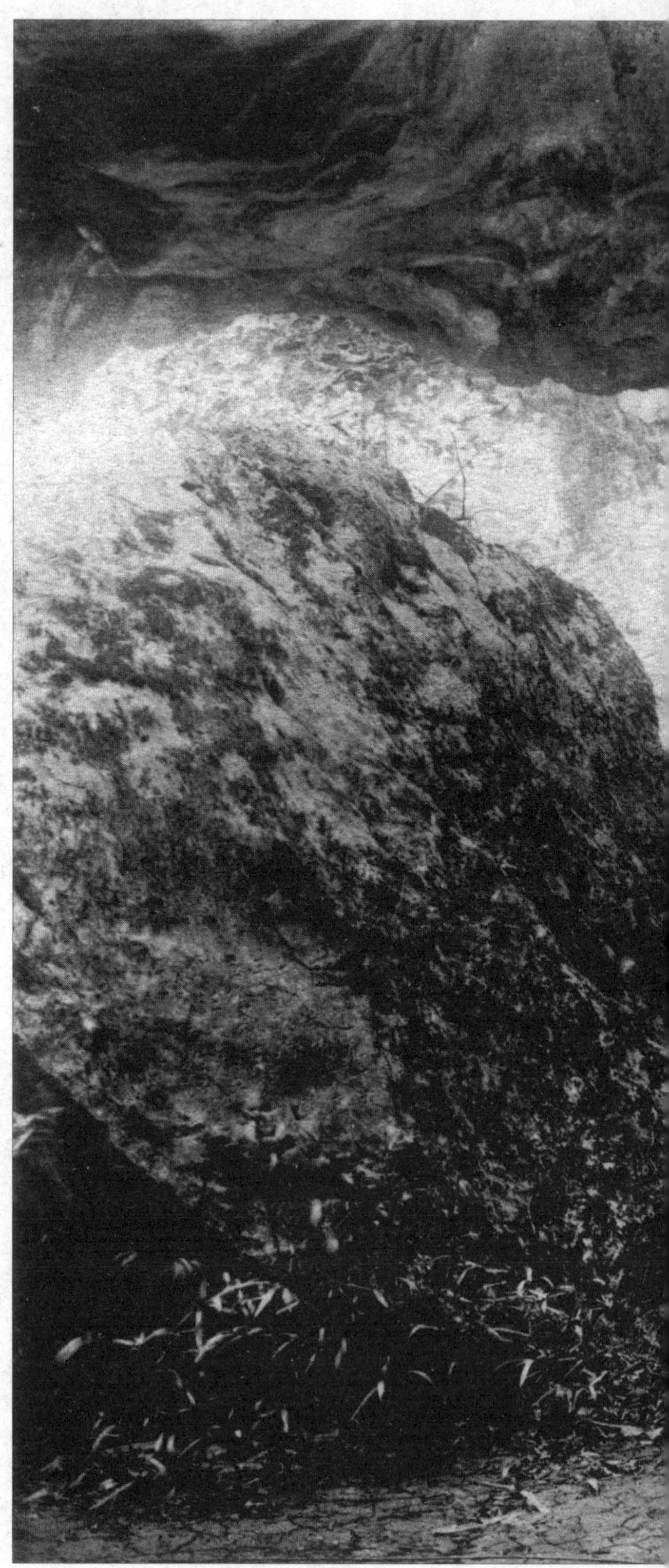

这些全部合在一起，一共多达五十四尊，大概是十八罗汉每个做三躯。而罗汉以外的造像有如下四尊。

弥勒佛壹身　咸平三年

释迦佛一身

写“弥陀佛一身”者有二。

（常盘大定 文）

图 67-1・飞来峰・玉乳洞内小罗汉列像

青林洞外壁　三尊龛

青林洞南面入口稍微偏左之处，有毗卢遮那、文殊、普贤三尊龛（图67-2）。三尊皆趺坐于莲花上，衣裾垂披于莲瓣上。本尊高约四尺，侠侍高约三尺，有如下龛铭。

大元国功德主徐僧录
□等，□舍净财，镌造
毗卢遮那佛、文殊师
利菩萨、普贤菩萨
三尊。端为祝延
圣寿。□安□□三有。齐
□觉岸者。
至元十九年八月日。
授杭州路僧录徐□
潭州僧录　李□□

龛铭表明，这些是元代至元十九年（1282）徐僧录等人所造。其形态整齐，技工亦精丽，为元代雕刻之杰作。（关野贞 文）

图 67-2 · 飞来峰 · 青林洞外壁三尊龛

佛顶尊胜像

佛顶尊胜像位于溪流沿岸的断崖上(图68、图69)。龛上部呈穹状，顶冠相轮。穹状边缘雕刻着花草纹，圈内部有多处刻着梵文。这样的边沿呈周行，构成佛龛的整体轮廓。龛的中央是本尊，趺坐于莲花座上，莲花座下有喇嘛教风格的斗出星形座。

本尊有三面，各面都顶戴宝冠，着耳珰，八臂各执器具。因年代久远，大抵已经损坏，只剩下宝瓶和弓还依稀可以辨认。佛像上半身赤裸，下身着衣裳。衣裳的条纹，雕刻手法颇为特别。其面相温和，有三目，眉间极窄，上下眼睑颇为饱满。鼻小，嘴角稍微往上弯曲，略具写实性。

本尊的左右各有一尊侠侍菩萨的立像，容颜与本尊相同，姿态亦温雅。其左右又刻有四天部的雕像，每边两尊，分列上下。四天部身材矮小，犹如侏儒。这些雕像其形式和唐宋以来完全不同，反映出西藏喇嘛教的影响。龛顶、相轮的左右，刻有飞天。呈供养状的佛龛，宽约十二尺，高亦约有十二尺。本尊高约四尺五寸。(关野贞 文)

距离此佛龛北面九十余尺，稍微往下的地方，刻有无量寿佛像。题名为“大元国杭州佛国山石像赞”，铭文的最后刻着“至元二十六年重阳日”。这表明该佛像为胡僧杨琏真加的造像。我们在做调查之际，遗漏了拍照，实在遗憾。《云林寺续志》卷七和《两浙金石志》卷十四上记载了刻铭全文，内容如下：

大元国杭州佛国山石像赞

永福杨总统，江淮驰重望，旌灵鹫山中，向飞来峰上，凿破苍崖石，现出黄金像。佛名无量亦无边，一切人瞻仰。树此功德幢，无能为此。况入此大施门，喜有大丞相，省府众名官，相继来称赏。其一佛二佛，□起模画样，花木四时春，可以作供养。猿鸟四时啼，可以作回向。日月无尽灯，烟云无尽藏。华雨而纷纷。国风而荡荡。愿祝圣明君，与佛寿无量。为法界众生，尽除烦恼障。我作如是说，此语即非妄。

至元二十六年重阳日，住灵隐虎岩净伏谨述。大都海云易庵子安书丹。武林钱永昌刊。

两书后面的附录还写道：“按，杨琏真加刻诸佛像于灵隐石壁，而以己像杂厕其中。即此净伏作赞事也。明嘉靖间(1522—1522)(译者注:此处应该是“1522—1566”之误)，知府陈任贤觅得之，击其像，枭其首于山下，同时，田汝成有《诛秃记》。讵知，大书深刻，犹有为之颂德者，盖当时未及见之也。”云云。(常盘大定 文)

杨琏真加担任江南总摄时，滥施暴威，于至元二十一年九月，发绍兴南宋历代帝后大臣一百零一所陵墓，夺其金银宝器，暴露其遗骸。当时，会稽人唐珏极度痛愤，变卖家具，得百金，以为酒食，暗招里中少年，趁夜收帝陵遗骸，葬于他处，并以四郊所在暴骨代之。而杨琏真加不知，聚诸陵遗骨，混杂牛马枯骼，其上筑塔，名曰“镇南塔”。据说当时遗民悲愤不已，不能仰视此塔。明嘉靖年间，知府陈任贤破坏杨琏真加像，其因在此。(关野贞 文)

图 68 · 飞来峰 · 佛顶尊胜菩萨

图 69 · 飞来峰 · 佛顶尊胜菩萨上半身

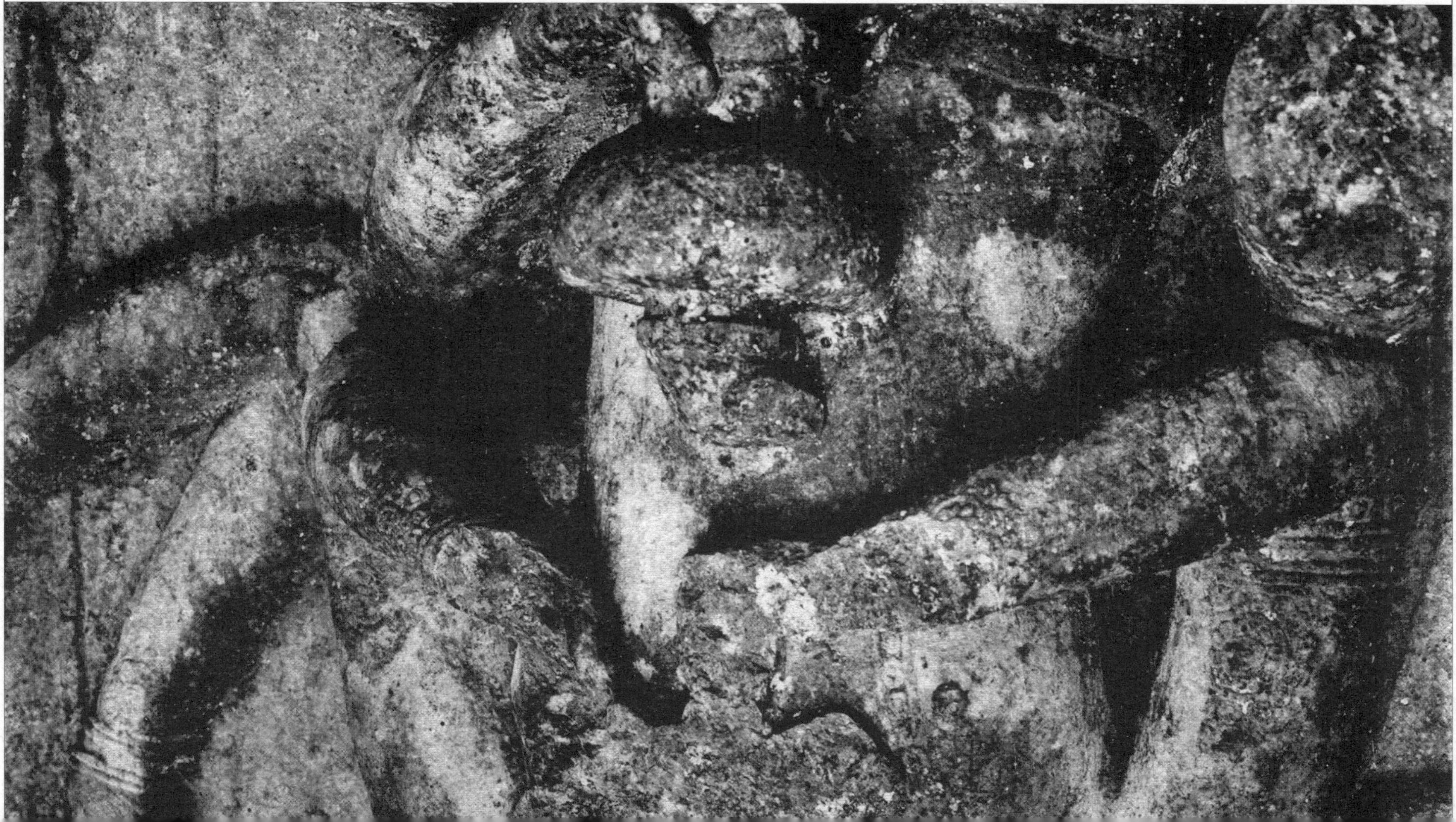

金刚手菩萨像

理公塔旁有一块大岩石，石上凿佛龛。龛内刻有金刚手菩萨像（图70），形态半裸，立于矮莲座上，头戴宝冠化佛，着耳珰佩钏，右手举起，手中紧握三钴，左拳置于胸旁，右脚弯曲，左脚伸展，呈忿怒相，天衣于空中翩翻。该像状貌雄伟，但躯干太矮，多少带有卑俗之风。这也完全是喇嘛教的风格。

金刚手菩萨的刻铭，现今磨泐严重，但是其内容记录在了《云林寺续志》中。

大元国功德主荣禄大夫行宣政院使脱脱夫人□氏，谨发诚心，愿舍净财，命工镌造金刚手菩萨圣像一尊，端为祝延圣寿，万安保佑院使大人福禄增荣，寿命延远，家眷安和，子孙昌龄。至元二十九年闰六月日建。

（关野贞 文）

图 70 · 飞来峰 · 金刚手菩萨

龙泓洞前　摩崖佛

龙泓洞北面入口处，是一个高约三、四十尺的绝壁。入口上方，有十数个佛龛，龛内镌刻各佛、菩萨的立像、坐像等。坐像高约五尺，立像约九尺，倚像约八尺。这些都是元代的作品，其中间刻着“天子万寿”四个大字。这四个字是当初雕刻者将龛内佛像剔掉后加上去的，现在还能看到背光的一部分。图72是其全景，图73–1是其中的一部分，图73–2是其上面的佛龛。图71–1是入口前面、位于左面的佛以及菩萨的两龛（即图73-1的左边）。图74–1、图74–2是图73–1左方上部的两佛龛。入口正中央上面有刻铭：“至元二十四年岁次丁亥三月”“功德主江淮诸路释教都总统所经历郭……”这个铭文大概是位于入口上方的立佛像的造像铭。由这个造像铭可以推测，这面崖壁上雕刻着的诸佛菩萨像，大概都是这个时期前后的作品。这些作品都没有继承唐宋以来的传统风格，而是受到了新传入的喇嘛教的风格影响，这一点最让人感兴趣。

入口右边，刻有元代答失蛮重装佛像记。其内容为：

灵隐禅寺，伏承

大功德主开府仪同三司

上柱国江浙等处行省

□□左丞相顺□□答失蛮，

布施金子，彩色重装

佛国山诸佛菩萨圣像。所集

洪因，端为祝延

皇帝万岁万岁万万岁。

皇太后

皇后齐年，

皇太子千秋。仍祈风调雨顺。

国泰民安者。

至大三年九月日　住持僧正传谨题

此佛像记，大体说的是至大三年（1310）给诸佛菩萨等修复加彩一事。

入口右下方有白马负经像（图71-2）。最前面有一僧人在前引导，接着有一马背负经函，一马驮莲座，有三人在其后驱赶，其后有二僧人紧随。此像说的是白马运输经像的故事，其手法颇为精丽，而且刻得非常写实。人物像高约有三尺。这个像应该是元代作品。

（关野贞、常盘大定 文）

《云林寺续志》卷七、《云林寺志》卷八以及《西湖志》卷二十八都记录了周伯琦的《理公岩记》。《云林续志》中记载道:《理公岩记》在射旭洞洞口处。而《云林志》《西湖志》却记载为在理公岩处,《续志》所言应该是事实。但是笔者没能亲眼见到，甚为遗憾。根据文章推测，这应该是关于龙泓洞前摩崖刻像的内容，故这里将《续志》中的文章引用如下：

理公巖，晉高僧慧理師嘗燕宗焉，在錢塘虎林山天竹招提之東南。玲瓏幽邃，竹樹岑蔚。至正九年，上人慧苣来居觀堂。起癈緝敝，爰開是巖。窈窕繚復霛如堂皇。雲涌雪積，發渫霝蘊。後七年，丞绥寍楊公之弟元帥伯颜，清暇游愒，抉奇楽静。捐金庀工，載鑿喦石，刻十佛及補陀大士象。金碧炳赫躋西土（译者注:《云林寺志》写为“金碧炳赫恍躋西土”），冀徼福惠。噕我重親，利我軍旅。冰釋氛沴，永奠方岳。喦之異勝，誕增於昔，為虎林奇觀。實苣公軌行精懃，有以致之。民畊號曰菩薩，蓋非夸益。天竹和尚允若師，蝋巳八十，與苣同志。徵文示久，乃篆諸石。浙省參知政事番陽周伯琦伯温记并書。

《云林寺志》《西湖志》都把“晉”写成“昔”，“天竹”写成“天竺”，“東南”写成“東”，而“来居”的“来”字也都漏写，只写了“居”字;还有，将“缉敝”写成“缉敝”，“復”写成“復”，“發渫霝蘊”写成“發洩靈蘊”，“丞”写成“左丞”，“抉奇”写成“快奇”，“喦”写成“巌”，“大士象”写成“大士像”，“躋”写成“恍躋”，“噕”写成“壽”。由于《续志》应该是实拓的，故这里采用《续志》的记录。

《续志》还指出在灵隐寺翻经台石壁上有以下刻文，并记录了刻文内容。其题名也是周伯琦写的。因为文中有允若和慧炬之名，作为参考，引用如下：

至正戊戌二月廿三日，浙省参知政事翻阳周伯琦伯温，将镇中吴，专别允若教师，重游香林，题名厓石，以纪岁月。是日就谒观堂菩萨慧炬，篆理公新岩记。灵鹫主者，友□来会。从游男宗仁宗智。

由以上两个铭文的内容，我们可以知道以下事实:至元九年（1349），慧苣（或写“慧炬”）来居观音堂，起废辑敝，开理公岩。七年后（1356），元帅伯颜游此地，凿岩石，刻十佛及观音像，岩之异胜，诞增于昔，为虎林之奇观。这些都得归功于慧苣，故世人号之曰菩萨。天竺寺允若与慧苣是同志，为徵文而记事篆于石，即《理公岩记》。而篆刻的时间，根据后记，是在戊戌即至正十八年（1358）。（常盘大定 文）

图 72 · 飞来峰 · 龙泓洞入口

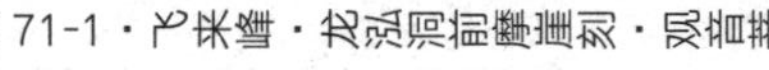

图 71-1 · 飞来峰 · 龙泓洞前摩崖刻 · 观音菩萨

图 71-2 · 飞来峰 · 龙泓洞前外壁 · 白马负经像

图 73-1 · 飞来峰 · 龙泓洞入口上部

图 73-2 · 飞来峰 · 龙泓洞上部佛龛

射旭洞入口　上部佛龛

射旭洞入口上方一佛龛内有菩萨坐像（图75-1）。菩萨坐于两莲座上，右足插于其中间，着地。头顶宝冠，右手持法轮至胸，左手执一物，两旁天衣朝上飘扬。这也是元代的造像。（关野贞 文）

多闻天王像

沿着溪流的断崖上，有骑狮多闻天像（图75-2），全高约十二尺，相貌雄豪，顶戴宝冠，右手执伞。狮子的口鼻已经损坏，但前肢张扬的姿态不同凡响。其左右两边有侠侍菩萨像，右边侠侍右手持莲花，左手执拂子；左边侠侍已经破损，很难辨认。根据以下的造像铭，可知该像由杨某造于至元二十九年（1292）。

大元国大功德主，资政大夫行宣政院使
杨谨，发诚心捐舍净财，命工镌造
多闻天王圣像一尊。端为祝延
皇帝万岁。国泰民安，法轮常转。四恩
总报，三有遍资。法界众生，齐
成佛道者。
至元壬辰二十九年七月仲秋吉日建。

（关野贞 文）

图 75-2・飞来峰・多闻天王像

图 75-1・飞来峰・射旭洞入口上部佛龛

弥勒像

弥勒像也在沿溪的崖壁上（图76）。其像颇为庞大，弥勒丰颊便腹，姿态最为自然随便，其左右有十数尊罗汉列侍，或坐或立，姿态情趣迥异。这些也都是元代的佳作。（关野贞 文）

除了以上的记载之外，《两浙金石志》卷四有如下一项记载：

宋建隆元年(960)，周势□钦造弥陀石佛一躯，在飞来峰摩崖。

《云林寺续志》卷七记载的数量较多。引载如下：

宋乾兴元年(1022)，陆庆造观世音菩萨一尊，在射旭洞口。

宋天圣四年(1026)，杨从简造太祖第一身，在玉乳洞东口。

宋天圣四年(1026)，马氏一娘造六祖像二身，在玉乳洞东口。

宋开禧元年(1205)，黄清真镌太乙救苦天尊，在飞来峰摩崖。

宋开禧元年(1205)，沈盌造罗汉一尊，在飞来峰摩崖。

宋嘉定元年(1208)，明州比邱僧造罗汉一尊，在飞来峰摩崖。

元至元二十□年(1280—1292)，杨思谅造阿弥陀三尊，在飞来峰摩崖。

元戊子(至元廿五年,1288)，董□祥造观音圣像，在飞来峰摩崖。

元庚寅(至元廿七年,1290)，造释迦如来一尊，在飞来峰摩崖。

岁月变迁，石刻磨泐，这些刻文现在是否还存在，不得而知。即便现在还有，是否可读，也不清楚。但是不管怎么说，飞来峰上还有许多值得研究的东西。（常盘大定 文）

飞来峰造像的特色可以归纳为五点：（1）十八罗汉首次出现。（2）出现了以弥勒为名的所谓布袋像。在所有保存至今的布袋像中，烟霞洞中的布袋像可能是最为古老的。（3）喇嘛教的元素初次显现。特别是佛顶尊胜尊与金刚手菩萨，堪称是其代表作，应该与居庸关的造像放在一起研究。（4）出现了太乙救苦天尊之类的新道像。（5）像六祖像这样代表着禅宗兴隆的雕像也开始被创作出来。若要细致研究，则还有许多可以发挥之处。这些石刻作为中国佛教思想史的资料，具有重大的意义。（常盘大定 文）

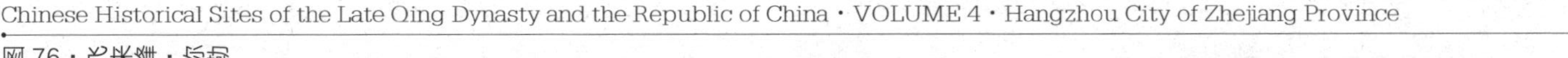

图 76 · 飞来峰 · 弥勒

保俶塔附近 | 三尊龛

在去往保俶塔的坡道右路的右侧岩壁上，刻有释迦三尊龛（图77-1）。佛龛上部呈三叶状，中央本尊为释迦降魔像，坐于莲座上。其左右有侠侍文殊、普贤两菩萨像。两者皆为坐于莲座的半伽像。其样式颇具喇嘛教风格，应该是元代的作品。本尊释迦结降魔印，这在中国的造像艺术中实属罕见。（常盘大定 文）

图 77-1・保俶塔附近・三尊龛

石佛洞 | 三佛像

净慈寺后面的慧日峰山腹上，有个石佛洞。洞由岩石凿成无盖的房屋模样，洞内岩壁上刻着三佛（图77-2）。

中尊在方座上，衣裾覆盖座前。左右尊趺坐于莲花座上。三尊的头部均已缺失，且受苔蚀而损坏严重，无法很好地看出当初的样式。但是从衣纹的雕刻手法以及台座的样式推测，这三尊像应该是五代或宋初的作品。（关野贞 文）

图 77-2 · 净慈寺背后 · 石佛洞三佛

文庙

《杭州府志》（光绪二十四年撰）卷十四、“学校”之下，“府学”开头部分详细介绍了文庙。

文庙，宋天圣年间知州李谘建，赐学额。元祐元年重建。旧在府治之南子城通越门外。宣和中，降御书殿榜曰“大成”。建炎以来，迁徙不常。绍兴元年，于凌家桥东重建。绍兴间，所徙建即今址（图78-1）。十二年，文庙为太学。二十六年，御制孔子暨诸贤赞刻石，太学仍赐刻本。明嘉靖九年，始奉制，易大成殿曰先师庙，建启圣祠。崇祯十二年，巡抚熊奋谓（译者注:《杭州府志》写为“熊奋渭”）重修明伦堂。清顺治五年，巡台诸司协力修葺圣庙及两庑、櫺星门、明伦堂、钟鼓楼。雍正三年，世宗皇帝御书“生民未有”额，悬大成殿。乾隆三年，高宗皇帝御书“与天地参”额，悬大成殿。嘉庆五年，仁宗皇帝御书“圣集大成”额。道光七年，宣宗皇帝御书“圣协时中”额。咸丰元年，文宗皇帝御书“德齐帱载”额。同治三年，穆宗皇帝御书“圣神天纵”额。光绪二年，德宗皇帝御书“斯文在兹”额。至十七年七月，规制大备。宣统二年，御书“中和位育”额。大成殿坐北朝南，安设至圣先师孔子神位，东配有复圣颜子、述圣子思子，西配有宗圣曾子、亚圣孟子，除东哲六子、西哲六子之外，东西庑均安放先贤先儒，其规制甚为整备。（常盘大定 文）

图78-1出自伊东忠太博士的摄像。

图 78-1・杭州・文庙门

吴山 | 城隍庙

《杭州府志》（光绪二十四年撰）卷九、祠祀之下，对于城隍庙作了如下记载：城隍庙旧在凤皇山，为永固庙。绍兴九年，移宝月山。明洪武三年，诏称府州县城隍之神。成化十年，寝殿火。十一年，重建。宏治十六年，御史夏景和重建，知府杨孟瑛为记。万历四十五年，燬。邑人金学曾请于总督刘一焜，倡捐重建，知府姚之兰董其成，督邮使张大猷为记。云云。

该书卷九十七、金石之下有如下记事。通过对照两者，可以断定《杭州府志》描述的就是吴山城隍庙。

吴山城隍庙重修记

《吴山城隍庙志》：杭州府知府杨孟瑛撰，成化十八年。

又，《重修杭郡城隍庙志》：知府杨孟瑛撰，宏治十八年。

又，《重修城隍庙碑》：浙江驿传道张大猷撰，陈国钥书，郭必昌篆，天启六年。（常盘大定文）

图78-2乃城隍庙戏台，出自伊东忠太博士的摄像。

图 78-2 · 吴山 · 城隍庙戏台

岳王庙

岳王庙即忠烈庙，在栖霞岭，其子岳云亦在此祔葬。《敕修浙江通志》卷二百十七、杭州府祠祀一之下记载道:"《成化杭州府志》:在西湖北山栖霞岭。王姓岳，名飞。初谥武穆。宝庆二年，改谥忠武。元至正中，加谥保义。明洪武四年，称宋少保鄂国武穆王。"

另外，该书还记载道:"《万历杭州府志》:景泰间，请于朝赐春秋祀及忠烈额。"

然后，该书引《名胜志》写道:"庙貌恢特，盖斥智果院，为之两庑，刻其所制《满江红》词、并《送张紫岩北伐》诗。西偏有流芳亭，石刻王像存焉。"

其后又记载道:"国朝顺治八年，巡抚范承谟重修。康熙二十一年，两淮运使罗文瑜重建。三十四年，杭州知府李铎重修。雍正九年，盐驿副使道江承炌重葺。"云云。

岳王庙正门堂皇恢宏(图79-1)。照片转载自亚细亚大观，摄影于1929年。

岳王庙内有岳飞墓。穿过有石人排列于前的大门便到了岳飞墓(图78-3)。

墓为半圆形土馒头，墓前立块碑，上题"宋岳鄂王墓"，碑前安放着一张石桌(图79-2)。

《杭州府志》卷二十九(译者注:应为"《杭州府志》卷三十九")，对于少保鄂王谥忠武岳飞墓有如下记载:

隆兴时，中丞汪澈宣抚荆襄，故部曲合，词讼飞冤，哭声震雷。孝宗诏复飞官，以礼改葬。养子云死时，年二十三。亦以礼祔(《程史》)。至元以来，坟渐倾圮。江州岳氏，名士廸者，与宜兴州岳氏，合力起废(《辍耕录》)。岳王墓木皆南向。天顺时，同知司马伟，取桧折干为二，植墓前，名"分尸桧"。正德八年，都指挥李隆范，铜为桧及妻王氏、万俟卨三像，反接跪墓前。万历中，兵使者范涞增张俊像，抚臣王汝训沉张俊、王氏两像于湖，移桧卨二像跪祠前(《湧幢小品》)。国朝雍正七年，总督李卫奏请用铁铸四奸像。云云。

其后，铸四铁人之事屡有记载。(常盘大定 文)

图 79-1・岳王庙

图 78-3・岳飞墓・门和石人

图 79-2 · 岳飞墓

图79-2出自伊东忠太博士之摄影。

孤山｜林处士墓

林处士乃宋代林逋，字和靖，其墓形如帽子，墓的前面有一块写着“宋林处士墓”的石碑（图80-2）。

成书于光绪二十四年的《杭州府志》卷三十九、冢墓之下，对于和靖处士林逋墓有如下记载：林处士墓在孤山阴（《一统志》）。逋尝自为墓于其庐侧，临终为诗，有“茂陵他日求遗藁，犹喜曾无封禅书”句。绍兴建延祥观，尽徙孤山僧庐，唯处士墓诏勿迁。咸淳间，金华王庭书“和靖先生墓”五字，刻石立墓前（《咸淳志》）。杨琏真加发其墓开棺，中一无所有，独有端砚一物。余公谦提举浙省儒学，着力重修先生之墓，傍山建祠，塑先生像于其中（《遂昌杂录》）。成化十年，郡守李端重修，邑人于冕、沈恒于墓上重种梅百树（《万历志》）。

放鹤亭

关于放鹤亭，《敕修浙江通志》卷四十、在古迹、杭州府下引《万历杭州府志》说：

放鹤亭在孤山北。元至元年间，儒学提举余谦葺林處士墓，构梅亭于下；郡人陈子安构鹤亭配之。并废。

明嘉靖中，钱塘知县王釴建兹亭以续旧。

国朝康熙三十四年，圣祖仁皇帝命刑部员外郎宋骏业督工重建，御书“放鹤”二字，扁于亭楣，又书《舞鹤赋》，刻石立亭上（图80-1）。（常盘大定 文）

图80-2·西湖·孤山·林和靖墓

图 80-1 · 西湖 · 孤山 · 放鹤亭

西湖 | 先贤祠

浙江先贤祠在西湖，和三潭印月之间有一座九曲桥相连。中国的一般庭园，石头堆砌成如太湖石一般，洞道蜿蜒迂回，前后相通，其间长廊曲折，依稀可见。而九曲桥在此千篇一律之中显得十分特别，近似于日本风格（图81-1）。先贤祠在西湖的小岛上，岛内又有一个很大的放生池。穿过西湖湖波，舍船登上湖岸，可以看到一条蜿蜒曲折的石桥架在莲花盛开的池子上。走过石桥，则或在三角小亭小憩，或去瞻仰先贤祠，或跨过一座别致的亭桥，或欣赏露出水波的奇岩异石。继续迈步前行，便来到了一座三面临池的潇洒亭子。其平面构成“卍”字形，非常奇特（图81-2）。跨过一座用太湖石围成方形的石桥，经关嵛前，再过一座折线状的小桥，通过六角亭，这才算横穿了这座孤岛。其尽头处有常为人们所道的三潭印月的名胜。靠近湖岸的湖面上，有三基奇异的石塔露出水面，和对岸的雷峰塔遥遥相映，为明媚无限的风光增添了一道靓丽的色彩。

仔细想来，孤岛内的设计不过是玩异弄巧而已。但是石桥纵横曲折成趣，一亭又一亭参差其中，桥亭倒影于莲池中的景象实在是妙趣横生，不可尽言。看了九曲桥，我想起了日本严岛神社的回廊，不由得感叹于这两个建筑的异曲同工。（关野贞 文）

西湖九曲橋平面圖

至三潭印月
太湖石
池
亭
太湖石
太湖石
橋亭
橋
亭
池
門
橋
先賢祠
0 10 20 30 40尺

西湖九曲桥平面图

《敕修浙江通志》卷二百十七、杭州府祠祀一之下，对于旌德先贤祠有如下记载：

旌德先贤祠。《旧浙江通志》：在钱塘保安坊，祀唐许由以下百九十九人。每岁额支仁和县学租银五两致祭。

光绪二十四年撰写的《杭州府志》卷十记载道：此地曾名为先贤堂，旧在西湖苏堤，保佑坊旌德观后。宋宝庆二年，京尹袁韶奏建以祀乡先贤许由而下三十人、列女孙氏而下五人。三年诏易其额，曰“旌德观”。（常盘大定 文）

图 81-1 · 西湖 · 先贤祠 · 九曲桥

图 81-2 · 西湖 · 先贤祠 · 卍亭

浙江余杭 YUHANG DISTRICT, HANGZHOU CITY OF ZHEJIANG PROVINCE

浙江绍兴 SHAOXING CITY OF ZHEJIANG PROVINCE

浙江余姚 YUYAO CITY OF ZHEJIANG PROVINCE

ZHENJIANG CITY OF JIANGSU PROVINCE
JURONG CITY OF JIANGSU PROVINCE
WUXI CITY OF JIANGSU PROVINCE
KUNSHAN CITY OF JIANGSU PROVINCE
SHANGHAI CITY OF JIANGSU PROVINCE
JIAXING CITY OF JIANGSU PROVINCE
JIASHAN COUNTY OF JIANGSU PROVINCE
HUZHOU CITY OF JIANGSU PROVINCE

SUZHOU CITY OF JIANGSU PROVINCE

HANGZHOU CITY OF ZHEJIANG PROVINCE

YUHANG DISTRICT, HANGZHOU CITY
OF ZHEJIANG PROVINCE
SHAOXING CITY OF ZHEJIANG PROVINCE
YUYAO CITY OF ZHEJIANG PROVINCE

NINGBO CITY OF ZHEJIANG PROVINCE
FENGHUA COUNTY OF ZHEJIANG PROVINCE
YINXIAN COUNTY OF ZHEJIANG PROVINCE
PUTUO MOUNTAIN OF ZHEJIANG PROVINCE

浙江余杭

径山寺

径山寺在太平天国时候被焚毁，其后再兴，而寺制不全，稍显废颓。正门为天王殿，前面有照壁。

天王殿为五间五面，单层，山形屋顶，结构简单，没有斗拱，殿内地板铺瓦，顶棚为露明望板。正中央前有布袋和尚，后有多门天之像，左右四天王分立，这些都是常见布置。天王殿悬挂着“天下径山”“天下第一禅刹”（天启四年）“敕赐径山云禅寺”之额。

天王殿东侧地势较高处有钟楼，内悬永乐元年铜钟。天王殿后面是韦陀宝殿，韦陀宝殿前面东侧有接待所。

韦陀宝殿为五间六面，单层，山形屋顶。殿柱细小，结构简单，内部顶棚为砌上明造。正面一间为前廊，内有面北的韦陀像。殿的后壁东侧有“唐敕封当山护法神应显佑德济广泽龙王菩萨”像，西侧有“唐敕封开山第一代大觉国一钦祖师”像。出殿后门，正面可以望见大雄殿。“开山第一代……钦”即牛头禅宗道钦。其传记见后。

大雄宝殿（图 82）为五间六面，单檐，正面一间为前廊，其布置与韦陀宝殿相同，挂“大雄宝殿”之额。无斗拱，以雕刻着瑞兽的托架支撑最外层的檐檩。檐为上下两层椽子，下层的檐椽与上层的飞椽皆方形，下层的檐椽打上了椽头板，而飞椽却缺椽头板，这样的建筑手法较为奇异。顶棚为砌上明造，可以看见拱形的椽子；桁用奇异的虹梁及梁束支撑（图 84-1）。屋顶为山形屋顶，殿的两侧墙壁砌砖。

殿内地板为三合土，顶棚为露明望板。殿的中央，石制须弥坛上有三尊佛，左右两侧壁旁分列着

万寿寺伽蓝配置图

十八罗汉像。后壁东侧有龙王像，西侧有开山像。

大雄宝殿前庭东侧有多层楼的客堂，位于其南端的厨房隔着一条小走廊与西侧的韦陀宝殿相连。本来西边相对称的位置上也计划建房子，但最后并没有建，只有东司净房和龙井。

大雄殿后方地势较高处有妙喜庵。此庵为重檐式，构思大胆，形状多样，颇耐人寻味（图 83）。

径山寺大钟（图 84-2）在天王殿东边钟楼内。永乐元年（1403）铸造。口径六尺三分，规模宏大。钟顶上有龙头，肩部刻莲花，宽腰部将上下部分清楚分

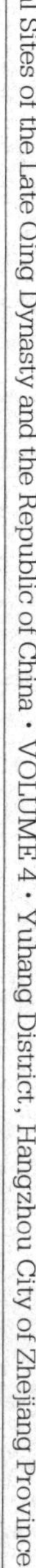

图82・径山寺・大雄宝殿

开，有袈裟形的钟带。缺钟乳与撞座。口缘处刻波浪纹。腰带刻有草书的阳文，下刻草花纹。口缘上面的钟带刻波涛纹。腰带上下的钟镜之间雕刻铭文与捐助者人名，四面钟镜之间的中央处灵牌形内刻有“皇图永固”“法轮常转”“佛日增辉”等文字。形态丰满，其构思上佳，但铸造技术粗拙。铭文漫漶，但大致可以阅读。

铭

凡丛林礼乐，必先之以钟，微钟则礼乐不能举也。盖惟径山乃为两越之名刹。礼乐所由出焉，而无之其可得乎。于是命化主志坚。募诸檀信，子力铸造。越明年癸未冬，钟悉告成。予憙而为之铭，曰：

巍々凌霄　藉々其名　岁当癸未　钟悉告成　铿金戛玉　轰雷□□　上干穹昊　下澈幽冥

人天□□　衲子规绳　惟祥是集　惟福是迎　大哉檀度　肃清耳听

永乐元年　月　日　住持比丘普庄劝缘造

（关野贞 文）

图 84-1 · 径山寺 · 大雄宝殿细部

图 83 · 径山寺 · 妙喜庵

图 84-2·径山寺·大钟

大觉国一钦法师

《宋高僧传·卷九·唐杭州径山法钦传》在写法钦传记上比其他许多传记都写得长。根据该书的记载，法钦年二十有八，赴京师，路由丹徒，因遇鹤林素禅师。素禅师默识玄鉴，知其德行异于常人，乃谓之曰："若能出家，必会如来知见。"钦闻，悟识本心。素乃躬为剃发，寻登坛纳戒，炼行安禅，领径直之一言，越周旋之三学。自此辞素南征。后到临安，挂锡于天目分径之径山。猎者皆焚网、折弓、止杀，下山募人营小室请居之。临海令吴贞舍别墅以资之，自兹参学者众。代宗睿武皇帝大历三年下诏召之，遣内侍黄凤迎之。当时敕令："凡到州县皆开净院安置，官吏不许谒见，疲师心力。弟子不算多少，听其随侍。"帝见，郑重咨问法要，供施勤至。司徒杨绾笃情道枢，行出人表，一见钦于众，叹曰："此实方外之高士也，难得而名焉。"帝累赐以缣缯，陈设御馔。皆拒而不受，止布衣蔬食。少欲知足，无以俦比。帝闻之更加仰重，谓南阳忠禅师曰："欲锡钦一名。"手诏赐号"国一"焉。德宗贞元五年，遣使赍玺书宣劳，并庆赐丰厚。名贤执弟子礼者，相国崔涣、裴晋公度、第五琦、陈少游等。自淮而南妇人，目之为功德山焉。贞元六年，州牧王颜请出州治龙兴寺净院安置。八年十二月，法钦示疾，说法而长逝。报龄七十九，法腊五十。德宗赐谥曰"大觉"。弟子等以全身起塔于龙兴净院。刺史王颜撰碑，比部郎中崔元翰、湖州刺史崔玄亮、故相李吉甫、丘丹，各有碑碣焉。

《杭州府志》卷九十七、金石之部记载以下碑目：

径山大觉禅师国一影堂记

《宝刻汇编》:唐崔元翰撰，羊士谔正书，贞元九年二月八日立。在余杭。

又，该书卷九十八、金石之部记载以下碑目：

径山大觉禅师碑

《宝刻汇编》:王颖撰，王称书，贞元十年，在余杭径山。

《余杭县志》:大觉禅师国一碑，崔元翰撰，归登行书，元和十年。

又，崔元翰撰，胡季良八分书并篆额，宝历二年。

又，大觉禅师碑，李吉甫撰，萧起正书，大中八年。

又，塔铭，邱丹撰，萧书，大中九年。

据此可以确知，崔元翰撰《影堂记》和《国一碑》，李吉甫撰碑，邱丹撰塔铭，而且都确实存在。（常盘大定 文）

浙江绍兴

大善寺 | 八角七层砖塔

绍兴乃古代会稽。据传，昔大禹即位八年巡狩至此会诸侯，故有此名。这里还是越王勾践建都之地，曾为南宋都城。南宋曾在杭州建都，后来迁到绍兴。这里有会稽山、禹庙以及禹陵、南镇庙，有越王台、东湖、兰亭和宋六陵，还有塔山塔、大善寺等。（常盘大定 文）

大善寺在绍兴城内，创立年代不详。寺院颇为衰颓，唯有八角七层砖塔值得一看（图85-1）。该塔木制的斗拱、塔檐以及塔顶已失，现在只遗留用砖建成的躯干部分。各层各面，或开窗，或作拱券形的假窗。建筑年代不明，可能是宋代建成的。（关野贞 文）

图 85-1 · 大善寺 · 八角七层砖塔

塔山｜八角七层砖塔

塔山在绍兴城内，原名龟山，又称飞来山、宝林山或怪山。《水经注》记载：山形似龟，故亦有龟山之称，越起灵台于山上，以望云物。山上有寺，悬挂着“古清凉寺”之额。寺院衰败，唯见八角七层砖塔矗立。塔名应天塔。各层构成斗拱和塔顶的木制部分已失，唯存砖头塔身以及一些斗拱的残余。塔身涂着白垩，各层开窗，每面或一，或二，或三，都是一种拱券窗的模样。第一层四周本来围着外廊，而用于外廊的木制部分已全部毁坏，现在只见到石柱空立于周围。塔身第一层每面长度约十尺，现在的高度约十二丈，相轮只剩下覆钵以下的部分，上部已失（图85-2）。建造年代不明，可能是宋代建造，经过后世的修补保存下来。（关野贞 文）

图 85-2 · 塔山 · 八角七层砖塔

会稽山

会稽山在绍兴东门外一里许。大禹完成治水大业、继承舜之后，登上帝位。关于尧舜禹三代，学过上古经典的人都耳熟能详。大禹即位八年，会诸侯于会稽，翌年崩于此地，其子启袭其后，登上帝位。这开创了中国王位继承之先。会稽山因越王勾践卧薪尝胆的故事而闻名。此山为中国五镇山之一，自古就被看重，山麓有南镇庙、禹庙和禹陵。庙的规模宏大，东边有禹陵。有一块窆石，立于亭内；还有岣嵝碑。城内有越王台。

会稽山在历史上非常出名，以下内容参照《绍兴府志》卷之三的记载：

在会稽县东南十三里(《一统志》)。

在县东南十里(《太平寰宇记》)。

禹会诸侯于江南，计功而崩。因葬焉，命曰会稽。会稽者，会计也。(《史记·夏木纪》)上会稽，探禹穴(《史记·太史公自序》)。禹巡守至会稽。因葬焉。上有孔穴，民间云，禹入此穴《疏》译者注:《绍兴府志》写为《注》，而非《疏》)。

山东有硎，去庙七里，深不见底，谓之禹井，云东游者多探其穴也(《吴越春秋》)。

开皇十四年，诏以会稽山为南镇(《隋书》)。

开元十四年，封四镇山为公。会稽南镇曰永兴公(《唐书》)。

《府志》又写道：

秦望山削成而方，有南流之水。若天柱、香炉、宛委，水皆北流(蒋大鸿《会稽山辨》)。

由此可见，香炉峰和秦望山、天柱峰、宛委峰等，与会稽山并列其名(图86-1)。(常盘大定 文)

图 86-1 · 会稽山 · 香炉峰

南镇庙

《绍兴府志》卷之三十六中，对于南镇庙有如下的记载：

在会稽县南一十三里（《一统志》）（译者注：根据《绍兴府志》，《一统志》为误，应为《嘉泰志》）。秦并天下，以会稽山为名山，祭用牲犊圭璧（《史记》）。开皇十四年，诏就山立祠，且命其旁巫一人主洒扫，多莳松柏于祠下（《隋书》）。

天宝十年，封永兴公，岁以南郊迎气之日祭（《唐书》）。

乾德六年，下令吴越国行祭事。淳化二年，加永济王（《宋史》）。

大德二年（译者注：《绍兴府志》写为“大德三年”），改封昭德顺应王（《元史》）。

洪武三年，诏去前代所封爵号，只称会稽山之神，每三岁一传制，遣道士赍香帛致祭。无论登极或灾青均祭，每岁，有司以春秋二仲月祭（《明史》）。

顺治八年，遣孙廷铨致祭。

其后还有很多的致祭记录，在此不一一列举。（常盘大定文）

图 86-2・南镇庙・正殿

禹庙

禹陵占地面积庞大，四周竹林郁郁葱葱。陵内宋代所建的石坊，俨然在诉说着世世代代的人民对大禹的尊崇（图87-1）。

禹庙颇为宏丽。创建当时极为盛观，然而时世变迁，庙宇慢慢废圮。光绪二十六年，绍兴县知光山熊起藩出力重修，不过现今也已经渐渐凋残（图88）。

禹陵窆石放置于禹庙右上侧的窆石亭中，形状为圆锥形。天顺六年建立的知县碑写道："夫窆石者，窆下棺也，或谓下棺之后，以此石镇之也"。《金石萃编》卷十一、汉七之部中记载道："石高六尺，广五尺三寸，行字数俱无考，今在绍兴府禹庙。"该书作者王昶还提到：窆石题字在石下方，方字大二寸许。《金石录》及《图经》并以为（汉）永康元年五月所刻。以精拓本验之，唯"日年王一并天文晦真"九字可辨耳。右旁题字九行凡一百四字正书，当是宋元人所镌。左旁宋人题名，两行凡十二字，隶书。后又有元人题名二行，云"……皇庆元年八月八日"，凡十四个字行书。《图经》："禹葬于会稽，取石为窆。"窆石在禹庙东侧，南向，顶上有穿状如秤锤（图87-2）。

如上所述，这块窆石被认为是覆盖于禹墓之上的石头。然而，从研究的角度看，还是有问题存在的。

禹陵位于禹庙东边的竹林丛中，离禹庙有一些距离。现在（1931）连用大字书写着"大禹陵"的碑亭都给杂树丛围住了，很少有人会来这里参观敬拜（图89-1）。

庙前有座岣嵝碑，周围用石栏围得严严实实，以防破坏。相传这座岣嵝碑是大禹在南岳岣嵝峰的岩壁上刻的。由于碑文非常有名，因此中国各地都有这样的碑刻。然而这些碑刻字体不一，变化多端。该石碑首次为世人所知是自南宋时代始，学者之间始终对其众说纷纭，没有达成共识。笔者在叙述长沙岳麓山的禹碑时记录了其大概的情况（图89-2）。（常盘大定 文）

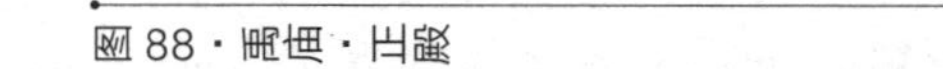

图 88 · 禹庙 · 正殿

图 87-1 · 禹庙 · 石坊

图 87-2・禹庙・窆石亭

图 89-1·禹陵

图 89-2・禹碑

图87-1、图89-1、图89-2转载自《亚细亚大观》，摄于1931年。

兰亭

从绍兴府城出发，往西南走十五里处，风光越加明媚。行走不久，越过一条河流，一个闲雅的门便跃入视野。这就是在文人墨客间极负盛名的兰亭门（图90-1）。

抬头处，可以看到楼内有一块碑，碑上是康熙皇帝御笔亲书的“兰亭”两个大字。碑的上部以及左右盘绕着的双龙雕刻，向世人展示着中国独有的雄伟秀丽（图90-2）。

兰亭年代久远，已经好几次遭受破坏，明清两个朝代屡次重修，而现在我们看到的是民国八年重修后的样貌。

兰亭右边是流觞亭（图91-1）。该亭建于曲水河畔上，位于园中正殿的位置，是一处潇洒寂静之堂。东晋永和九年，在太守王羲之会主的提议下，谢安、孙绰等四十一位名流，一日，为修禊事而会于兰亭，流觞赋诗，畅叙幽情。亭上有“流觞亭”的敕额，由乾隆皇帝亲笔御书。还挂有写着“曲水趣欢处”五个大字的匾额。坐于堂内，倾听清流欢唱，便能感受到这个飘荡着千古风韵的历史遗迹的真正内涵。（常盘大定 文）

关于兰亭，《敕修浙江通志》卷四十五、绍兴府下古迹之下，引《水经注》，有如下的记载：

浙江东与兰谿合。湖南有天柱山，湖口有亭，号曰“兰亭”，亦曰“兰上里”。太守王羲之、谢安兄弟，数往造焉。太守王廙之，移亭在水中。晋司空何无忌之临郡也。起亭于山椒，极高尽眺矣。亭宇虽坏，基陛尚存。

该书引《太平寰宇记》云：

在山阴县西南二十七里。《舆地志》云：山阴郭西有兰渚，渚有兰亭，王羲之所谓曲水之胜境。

而后，《通志》还做了如下记述：

国朝康熙三十四年，圣祖仁皇帝，命刑部员外郎宋骏业，督工重建，御书兰亭序，刻石立亭上，云云。

《兰亭帖》乃记录此风流韵事之文献，全称为《兰亭修禊序》（图91-2），其中写道：“是日也，天朗气清，惠风和畅。仰观宇宙之大，俯察品类之盛”，因此可以充分体验到“一觞一咏”之妙趣。《兰亭序》是千古书圣王羲之驱清兴淡酣之笔书写而成，因此，人们认为其二十八行、三百二十四字，字字都是无价珍宝。据说，真迹已给唐太宗皇帝殉了葬，而现今流传于世的《兰亭帖》，是太宗皇帝命令赵模等人临摹的摹本。正是因为此帖太有名了，所以其刻本的数量不计其数。因为《兰亭帖》天下驰名，因此我们将书法界的权威——中村不折氏的有关观点引用如下。（常盘大定 文）

《兰亭帖》被认为是法帖中的杰作，因此也最为有名。据说王右军在欢笑之间用蚕茧纸和鼠须笔书其草稿。右军自谓此神助之佳作。因为原本是草稿，后来右军就将文中了然无趣的部分删除重写，并且他日誊清数十遍，无一能及原草稿。于是右军命家人将此草稿作为传家宝代代相传。其文共有三百二十四字，共二十八行，涂抹了两字，重写的有六字，添加的有两字，用我们的尺度来衡量的话，高为七寸四分，宽二尺五分，用行书写就。其中，重复字都采用别体，特别是二十个“之”字，字体全部有变化。从书法整体上风格变迁来看，汉代光彩陆离的八分书，经过三国时代到晋代后，其价值则大不如前，当时的风流之士都将毕生的精力投入到行草书，并且取得了很大的成绩。而进入东晋后书法则到达了顶峰时期，出现了王右军这样的书圣。

关于此帖的去向众说不一。有的说梁代动乱时期流失在外，陈代天嘉年间则到了僧人智果的手里，到大建年间智果将其献给宣帝。到了隋代，此帖被献给了晋王（其后的隋炀帝），然而晋王并不珍惜。王右军第七代孙智永从晋王处借出并摹写了下来，死后则将它传给了弟子辨才。唐太宗李世民还是秦王的时候，看见了这个拓本大为惊喜，后来遣欧阳询到越州说服辨才将其转让，于是在武德四年，这个拓本到了秦王府中。到了贞观十年，唐太宗将智永拓本摹写了十份分别赐给了皇子、诸王和近臣。当时的摹写者是赵模、韩道政、冯承素、诸葛祯四个人。太宗驾崩后，贞观二十三年，后人奉遗诏将智永拓本陪葬于昭陵。云云。还有的说，右军自己相当看重这个《兰亭序》并且一直传到了第七代孙智永的手里，智永去世后则传给了弟子辨才。唐太宗喜爱学习二王的书法，几乎将所有的摹本、拓本都练习过了，唯独没有见过《兰亭帖》，于是三度召辨才问之，后遣监察御史萧翼以诡策将其弄到手。

虽然真迹随唐太宗葬入昭陵，其摹刻的石刻保存至今。相传《兰亭序》的摹本最先是出自智果之手，不过当时并没有被刻在石头上。刻石最早出现于隋朝，是由智永一手创作的，而且还有开皇六年和十二年两个版本。进入唐朝后也有两种说法，有一种是说石碑奉太宗之命刻的，还有一种是说石碑奉玄宗命令刻的。人们将石碑称为“定武兰亭”。这块石碑传到宋代后，出现了很多摹刻。现在中国政府所收藏的刻本是当时宋人赵子固所持有的刻本。据说有一次赵子固坐船落水的时候，还紧紧地抱着刻本说:“生命轻而兰亭重。”因此大家都把赵子固的这个刻本称为“落水本”。据说,宋代《兰亭序》的刻本多达一百一十七种,无限流行于世间,且种类繁多,其中的落水本则是最受赞赏的。另外还有韩珠船本、游似本、独孤僧本、何九思本、吴炳本、国学本、东阳本等。即便它们都是出自定武本,但都不是同一块石头。由于这个原因,兰亭被赞誉为古今法帖中的第一本。中村不折氏认为,其字体笔风根本看不出初唐的风格,因此断定其为中唐以后的产物。

以上的内容来自于中村不折氏撰写的《兰亭考及法帖概说》。(常盘大定 文)

图 90-1 · 兰亭 · 门

图 91-1 · 兰亭 · 流觞亭

图90-1、图90-2、图91-1转载自《亚细亚大观》,摄于1931年。

图 91-2 · 兰亭修禊序拓本

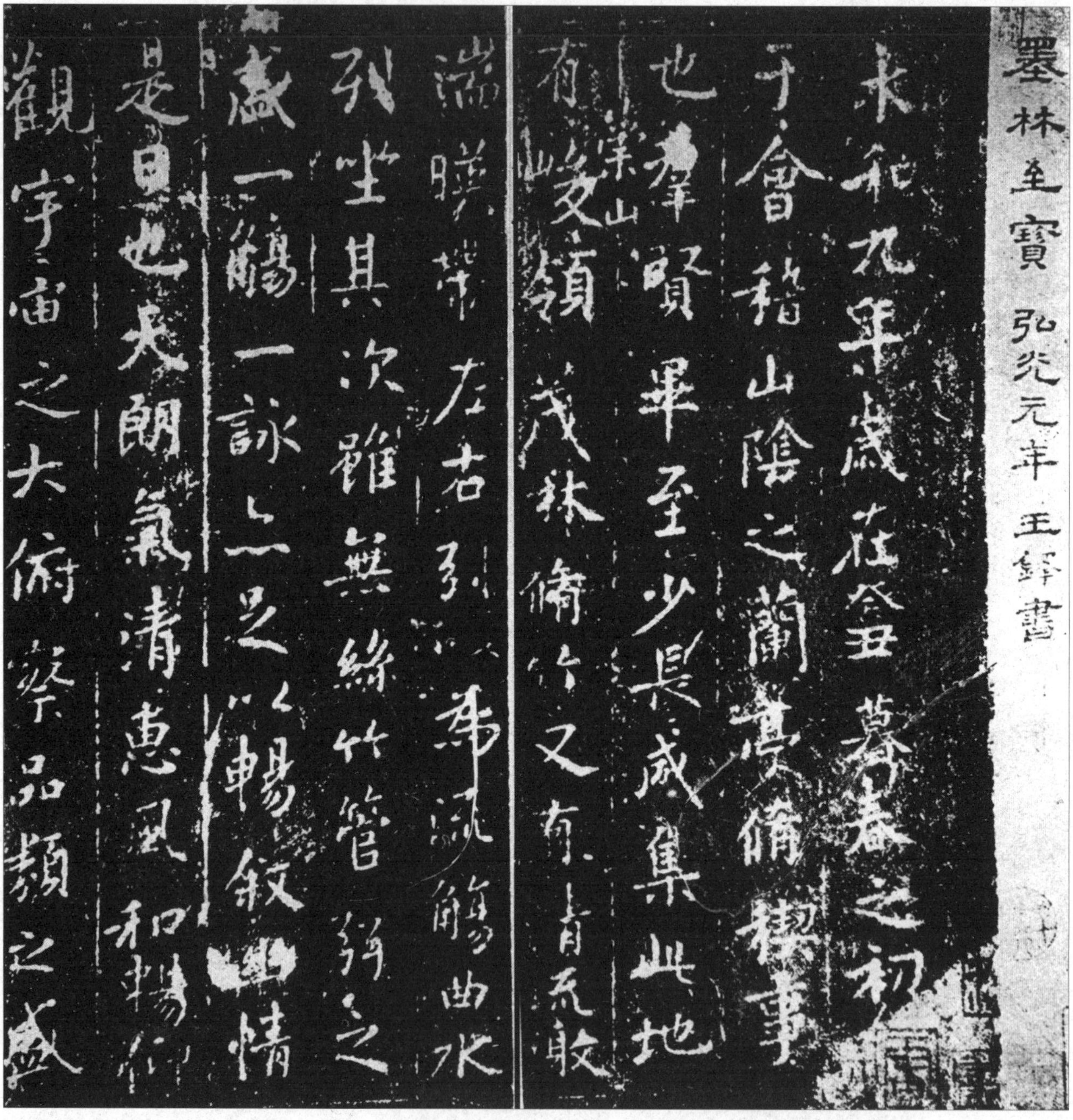

图91-2是《兰亭序》落水本的拓本，转载自中村氏《兰亭考及法帖概说》。

图 90-2 · 兰亭 · 碑

南宋陵

南宋的皇陵都建于绍兴东南方向二十五里处的宝山。陵园的布局南北分开，分称南陵和北陵，一共有六个陵墓。其中，高宗（永思陵）、孝宗（永阜陵）、光宗（永崇陵）、宁宗（永茂陵）这四个陵墓在南边，而理宗（永穆陵）和度宗（永绍陵）则在北边的山麓上。南陵面南而建，面对着南边巍然耸立的高山，北陵则面北而建。一般的陵墓都是背靠山面向平原，而南宋陵却相反，是面朝山而建。这些帝陵的附近，还有皇后的陵墓。南宋朝廷因受金欺压，暂时迁都南方，但是重返中原的心愿始终不忘，为此，他们总是希望他日能返回中原修建一个堂堂正正的陵墓，在绍兴仅建个小规模的临时性陵墓。他们不称这些为陵墓，而称为攒宫。然而他们的希望终究还是破灭了，最终南宋被元所灭，而这些南宋的皇陵则被元朝的浙江总摄杨琏真加命人全部发掘。后来到了明太祖洪武年间，南宋陵又重新得到修建。我们现在看到的南宋陵，都是只有陵墓的形式。北宋的八陵弃于荒芜了的田地里，与其相比较，多亏后人对南宋朝廷的同情，南宋的六陵虽小但还算体面。南宋陵的每一个陵墓外形都一样，坟高八尺，直径约十四尺左右，形状呈馒头状，其前方有亭殿，再往前还有门。其四方均有围墙，而墙内仅密密麻麻种满了松树，规模显得极小。虽名为攒宫，但是现在能看到的部分却非常小，东西约八十尺，南北约九十尺，打开南面的一间二面山形顶的大门，能看到里面有三间四面的享殿，仅此而已。即便当时朝廷只是想把这地方作为暂时的葬身之处，也必然保持着帝王家的规模和庄严，享殿的墙壁上嵌插着刻有“永乐、正德、天顺”等祭文的石头，这石头诉说着明朝对南宋陵的祭祀丝毫不苟的史实。

这篇关于南宋六陵的文章，是笔者关野贞于1918年8月走访南宋陵之后，为一次讲演而起的稿，并且发表过数次。（关野贞 文）

图92-2·南宋理宗陵

图 92-1・南宋孝宗陵

有关南宋陵的具体情况,《敕修浙江通志》卷二百三十八、陵墓四、会稽县之下，根据《万历会稽县志》做了如下记述：

宋高宗陵——淳熙十四年攒于会稽之永思陵。

宋孝宗陵——绍熙五年攒永思陵西上陵，名曰永阜（图 92-1）。

宋光宗陵——庆元六年攒会稽上陵，名曰永崇。

宋宁宗陵——嘉定十七年葬会稽上陵，名曰永茂，宁宗仁烈皇后杨氏，绍定五年祔永茂陵。

宋理宗陵——景定五年葬会稽上陵，名曰永穆（图 92-2）。

宋度宗陵——咸淳十年攒上陵，名曰永绍。

据《明一统志》，以上诸陵皆建于会稽县东南方之宝山上，其中只有孝宗、理宗二陵，朝廷遣官致祭。

据《会稽县志》所载，是先，至元戊寅（至元十五年，1278），西僧杨琏真加奏请发诸陵。宋遗民山阴唐珏潜以伪骨易取真物，将之葬于山阴天章寺，前六陵各为一函，每陵植冬青一株以识。《敕修浙江通志》对于后来的沿革做了如下的记录：明洪武三年，浙江行省进宋诸陵图。唯孝理二陵，献殿三间，缭以周垣，余仅存封树。九年，令五百步之内禁人樵采，设陵户二人，有司督近陵之人看守，内外禁山，然此制屡屡为民所侵，终无法达到目的。国朝雍正七年三月，令该地方官，对高宗以下六陵，加意防护。云云。（常盘大定 文）

东湖位于绍兴县的东南方，在绍兴和宋六陵之间。这里原先是石砌山，人们在山的一边筑起长长的堤坝，蓄满了湖水。根据《中国古今地名辞典》，东湖原来是鸟门山的一个石塘，清光绪年间，邑人陶濬宣在此处建了一个书院（图 93-1、图 93-2）。

图 93-1 · 东湖 · 秦桥

图 93-2 · 东湖 · 秦桥

浙江余姚

龙泉山 | 王阳明墓

1921年7月3日，诸桥辙次博士清扫了王阳明墓上的青苔，并且写下了《游中杂笔》一文，文中记述道：

7月1日，至王阳明及朱舜水出生地——余姚。途中多墓，亦有于水田中筑茔置之者。茔之周围有松柏添景。余姚乃中国罕见的山清水秀之灵地，有四灵山耸立四围。所谓四灵山，即龙泉山、凤凰山、竹山、白山（图94-1）。龙泉山麓有一条河，当地人不言其名，当为姚江。河上有桥，名镇东第一桥。王阳明祠在龙泉山腰。山北有瑞云楼。相传瑞云楼乃阳明诞生之地。现已荒废。……

7月2日，由余姚出发乘车至百官。……四时到达绍兴城外。由城外再雇小舟至旅店——绍兴馆。旅店虽脏但舒心爽快。我直奔衙门，询问明日即将访问的王阳明墓之所在地，然无人知晓。后到墨润堂书店一问，有人答道："王文成公墓在城南二十里外的花街洪溪处，出南门往坡塘去，即可到紫洪山，在那里问花街在何处则可。"夜，翻开《王府志》二十二卷，果然有此记事。我感觉犹如暗夜得明一般。夜，有巡警来。

7月3日，我和昨夜来的二个巡警一起乘船，先到东门外一里许的大禹陵。……由绍兴走水路十五里许到达坡塘。自坡塘开始山道愈来愈崎岖。我雇了极简陋的轿子往花街洪溪。途中十五里内有一小村，村里仅五六户人家。夹道两侧的山上，松竹茂生，白昼也颇幽暗，若一人旅行则颇为心寂。我在坡塘沿途向过往行人打听王阳明墓，无论是说王文成公，王守仁还是王阳明，都无人知其墓所在何处。直至靠近花街洪溪时，见一僧从前方过来，问之，僧答："在鲜虾山。"果然立刻知其所在。山就在眼前，虽然不高，然风景秀丽。我见一处似乎是墓地，其附近有数株松树散见。心中急着要到那里，然而两三百米之间，荆棘丛生，高过人头，拨开荆棘行进实属不易之事。当时不巧又有骤雨倾盆而泄，衣物全湿。我坚持前进直到墓周围。从其地理情况看，它类似于大型墓地。墓朝南，共有五层之坛，大小与西湖岳飞墓略同。走下墓地约三四百米，靠近水田处，有二丈左右的丰碑，此碑建于乾隆十六年。正面写着"名世真方"四个大字，背面上的字大半磨损，已很难辨认内容，不过"丹青之勋业，文成之嘉谥"这十个字清晰可见。我由此断定，此乃王阳明之墓（图94-2、图94-3）。多年来的夙愿，至此终于得以实现。归途，追上先前指路的僧人，询问多事，得知此地有一年一次给王阳明墓除草之风俗。（常盘大定 文）

图94-1、图94-2、图94-3由诸桥博士摄影。

图 94-1 · 余姚 · 龙泉山

图 94-2·王阳明墓

图 94-3 · 王阳明像

浙江宁波 NINGBO CITY OF ZHEJIANG PROVINCE

浙江奉化 FENGHUA COUNTY OF ZHEJIANG PROVINCE

浙江鄞县 YINXIAN COUNTY OF ZHEJIANG PROVINCE

浙江普陀山 PUTUO MOUNTAIN OF ZHEJIANG PROVINCE

ZHENJIANG CITY OF JIANGSU PROVINCE
JURONG CITY OF JIANGSU PROVINCE
WUXI CITY OF JIANGSU PROVINCE
KUNSHAN CITY OF JIANGSU PROVINCE
SHANGHAI CITY OF JIANGSU PROVINCE
JIAXING CITY OF JIANGSU PROVINCE
JIASHAN COUNTY OF JIANGSU PROVINCE
HUZHOU CITY OF JIANGSU PROVINCE

SUZHOU CITY OF JIANGSU PROVINCE

HANGZHOU CITY OF ZHEJIANG PROVINCE

YUHANG DISTRICT, HANGZHOU CITY
OF ZHEJIANG PROVINCE
SHAOXING CITY OF ZHEJIANG PROVINCE
YUYAO CITY OF ZHEJIANG PROVINCE

NINGBO CITY OF ZHEJIANG PROVINCE
FENGHUA COUNTY OF ZHEJIANG PROVINCE
YINXIAN COUNTY OF ZHEJIANG PROVINCE
PUTUO MOUNTAIN OF ZHEJIANG PROVINCE

浙江宁波

概况

宁波乃古代四明之地。四明的佛教由来甚早，可以追溯到遥远的三国时代。东吴的阚泽，在慈湖之地建立了规模宏大的寺院——德润寺。德润寺的仪礼供养，盛况空前，震撼人心。

到了唐代开元年间（713—741），县令房琯，将阚泽旧居开凿为湖，用来灌溉农田。这个湖被称为阚湖，或称为德润湖、普济湖。而“慈湖”则成了这个县的县名。

以上介绍的都是外护者的情况。而从此地的佛教看，最初是唐代僧人法常，以其学德兼优而闻名天下。法常乃马祖的法子，他到四明先贤梅福旧隐处，缚茅以居，被马祖赞誉为“梅子熟也”！在禅宗史上留下了显赫的名声。到五代时期，这里则以布袋和尚而闻名。布袋和尚圆寂于奉化县岳林寺，宋时获赐“定应大师”之谥号。到了宋代，这里出现了知礼、重显、宏智。知礼隔着钱塘江与西湖智圆辩论。重显居住于雪窦，大力宣扬达摩之宗风。而宏智与如净均在天童。他们都是宗门明星。

日本佛教僧人中与四明有关系的著名僧人有最澄、圆珍、圆载、荣西、道元等。这些大师都是经由此地后回日本。他们有的传播了天台宗，有的传播了禅宗。

延庆寺

延庆寺的前方有天王殿，外面有一条长达十一米左右的折线状的照壁。天王殿五间四面，为重檐式，上层悬挂着“天王殿”的匾额，而下层悬挂着“宋敕建延庆讲堂”的匾额。内部的中央安放着弥勒，其后是韦陀，左右则是四天王像，布局和一般的天王殿一样（图 96-1）。

大雄宝殿位于天王殿后方约一百尺的地方，七间五面，重檐歇山顶，上层高挂着“大雄最吉祥殿”之匾。上下层都不用斗拱，屋檐使用单层椽子，安有椽头板。内部的天棚为露明望板。构架之法，颇为简单。中央的石刻佛壇上，中央为本尊释迦像，左右分别摆放着药师、弥陀的造像。三尊佛像均为入定相。这些佛像以及其背光和莲座等的雕刻手法，在近世作品中算是相当优秀的。本尊的后壁呈岩窟状，里面刻着观音、宫殿、天部、人物等。在大殿的后壁，左右分列着十八罗汉像。殿内还悬挂着咸丰三年的匾额，由此推断这个大殿应该是重建于咸丰三年（图 95）。

大雄宝殿后面十五米开外有一个法堂。法堂五间六面，前一间是外廊。法堂为多层、山形屋顶式建造。在其前庭，东有客堂，西有应供堂，东西相对，两者都是五间，也都是多层、山形屋顶。

天王殿的右边有吕祖殿，左边则是关帝庙。（关野贞 文）

寺庙创建于后周的广顺三年（953），最初被称为“保恩院”。到了宋代，知礼在这里传播天台教，因此保恩院得以重建。大中祥符三年（1010），该院得到御赐“延庆”之匾额。其后的沿革不明。明永乐年间（1403—1424），天下讲宗五山中，延庆寺位居第二。现今还有人称它为“讲寺”。

据文献记载，原来延庆寺里还有元代祖庭世统题名碑、元代施造千佛因缘碑、宋代达摩大师画像、宋代四祖信大师画像、宋代罗汉画像。然而这些珍贵的东西现已不复存在。（常盘大定 文）

宋法智法师

法智是天台宗第十七代祖师，是正统天台学山家派的第一人。天台学由天台大师创建，经由章安、荆溪的祖述后，传到了法智法师。法智通过和山外派进行论争，穷微入细，将天台学的深奥教义发挥得淋漓尽致。彼生于四明金氏，宋代太平兴国四年，时年二十，从宝云学教观。两年后，常代宝云讲道。慈云从天台来求学，法智待以益友。

至道元年，法智法师入住保恩院，接待来自四面八方的学徒。院主舍之为长讲天台教法十方住持之地。自至道三年到大中祥符二年，重建保恩院。后，朝廷赐额"延庆"。从兴役开始，历经了十二年的岁月。这段时期，其实是法智法师和对手晤恩、源清、洪敏、庆昭、智圆等数位学者论战的时代，这也就是中国佛教教理史上著名的天台学山家派对山外派的论争。天台大师的著作《光明玄》有广略两本。钱塘晤恩在其略本中添写了《发挥记》，谓十种三法纯谈法性，不须更立观心。广本中，还有一节观心成行的论述，据说是后人添加上去的。门人源清、洪敏，共造难辞二十条，辅成其义。法智刚开始时尽量避免非议诸位前辈，不去评论其是非，但是受到同学善信的一再请求，于是便写了《扶宗记》，大论附法观心之义，谓晤恩之废观心，是为有教而无观。这成为法论之开端。源清的两个门人俊秀庆昭和智圆针对法智的观点，合著《辨讹》，以助《发挥记》。而法智则撰《问疑书》反驳他们。针对法智的《问疑书》，庆昭又做了《答疑书》辩驳。随后法智又写了《诘难书》争辩，庆昭又写了《五义书》进行反击，法智则又写了《问疑书》责之，而庆昭的回答书逾年没来，因此法智又作了《覆答书》以促之。于是庆昭写了《释难书》答之。论争从咸平三年开始到景德三年，一共持续了七年。法智对于止观拣境的误谬的批判，笔锋相当犀利。他最后将前后十次的文书统括起来作成《十义书》二卷，以及《观心二百问》一卷，遣门人本如和什师将写好的书籍送到了庆昭那里。两个人进行了尽情尽兴的辩论。智圆拜托郡守，借官僚之手中止了这场论战。和庆昭论争的同时，法智和继齐、元颖、子玄之间也进行了有关别理随缘的论战，并且和智圆、咸淳之间进行了理毒性恶的论争，和咸润之间则进行了色具心具的论争。通过这些论争，法智将章安和荆溪还未阐述明了的天台学发挥到了极致。面对这么多山外派的对手，只有法智一人进行了堂堂正正的论争。在后来的三论战中，帮助法智的只有净觉一人，而到了后来，连净觉都背叛了法智投向山外派，甚至还反过来跟法智进行了辩论。咸平六年，日本的源信派遣寂照持问目二十七条，邀请法智答疑解释。这件事也是法智一生当中值得骄傲之事。

天禧元年（1017，时年五十八），法智与十同志一起修法华忏，三载期满，将焚身供养以警懈怠。秘书监杨亿听说之后想阻止他们，但没有成功。同学慈云遵式东下力谏，驸马李遵勗也极力劝说，他们这才答应放弃。《指要》初成时，雪窦重显禅师出山来场，观其书，大加钦赞，即设斋致庆。这后来也成了佛教界的美谈。天圣六年（1028），法智六十九岁圆寂。继承法智思想的弟子中，最为优秀的是尚贤、本如、梵臻三人。法智著作甚多，除了与上述论争内容相关的著作以外，还有《无量寿经疏妙宗钞》三卷、《金光明玄义拾遗记》三卷、《金光明文句记》八卷、《别行观音玄义记》四卷、《别行观音义疏记》四卷、《十不二门指要钞》二卷等。后人奉灵骨起塔于南城崇法院之左。法智乃天禧四年赐号。（常盘大定 文）

图 96-1・延庆寺・天王殿

图 95 · 延庆寺 · 大雄殿

宝云寺

宝云寺在城内行春坊的东面。该寺是宋开宝五年（972）（译者注:《文渊阁四库全书·宝庆四明志》写为“开宝元年”），漕使顾万徽（译者注:根据《文渊阁四库全书·宝庆四明志》，应为“顾承徽”）舍宅为高丽僧人义通而建。旧号“传教院”，太平兴国七年（982），改赐“宝云寺”寺额。明代该寺被列为天下讲寺十刹之一。现在，天王殿挂着“宝云讲寺首刹”之榜，大雄殿有“维卫佛殿”之题（图96-2）。

维卫佛殿以释迦、两罗汉、两菩萨为中心，左右两侧有十八罗汉。沿着背后的墙壁，左右各安放着三尊佛像。右边最中央的一尊是达摩，左边的三尊分别是伽蓝神、元璧真君、关帝。

本寺的开山祖——义通在《佛祖统纪》第八被称为天台宗第十六祖，有宝云尊者之称。五代天福元年（947），义通来游中国，入天台山，跟从云居德韶，忽有契悟。及谒天台宗第十五祖——螺溪义寂，闻一心三观之旨，认为圆顿之学就在此地，遂留受业，久之其名闻于四远。一日，义通欲以此道传父母之邦，乃与同学道别东下。到了四明，将登海舶。郡守钱惟治延请为戒师，固留之曰，利生何必鸡林乎。义通认为此乃因缘，终于答应留下。义通留于此地，对于天台学来说是无比的幸运。其理由是，太平兴国四年（979），时年二十从学的知礼乃天台宗第十七祖，组织了正统的天台学，成为山家学的泰斗。到了雍熙元年（984），时年二十二修学的遵式帮助知礼弘扬山家学，而他自己也成为了西湖下天竺的慈云尊者。正是义通培养了这两大高足，正统天台最终才得以大成。

义通常呼人为乡人，因为他以净土为故乡，认为诸人皆当往生。我们由此可以知道义通的信仰所在。当然，他的成就也应当归功于师父德韶的感化。（常盘大定 文）

图 96-2・宝庆寺・大殿

天封塔

天封塔在宁波县治东南。根据《敕修浙江通志》记载，唐通天登封年间(696)，建僧伽塔，高十有八丈，以镇郡城。五代乾祐二年(949)，建天封塔院。宋大中祥符三年(1010)，改今额。天封之称应该是取自于创建年号。元代泰定三年(1326)，塔圮。至顺元年(1330)，僧妙寿重建。明永乐八年(1410)，雷火燬塔三层，复修。嘉靖二十六年(1547)(译者注:《文渊阁四库全书·浙江通志》写为"嘉靖三十六年")，飓风作，塔顶坠，郡守周希哲修。天启崇祯间，屡葺。清顺治十六年(1659)，重修。雍正九年(1731)，分巡道孙诏、知府曹秉仁劝募鼎新之。

现在，天封塔木造的斗拱、塔檐、顶盖已失，只有砖砌的部分保存下来。塔高约一百三十尺，八角七层，各层的大小，高度逐级递减，各面均开有窗户。相轮为铁制，受花以下部分尚存，而其上部已经缺失(图 97-1)。(关野贞 文)

图 97-1 · 天封塔

天宁寺

据《敕修浙江通志》所载，天宁寺在府治西南，惠政桥北。唐大中五年（851）置，称国宁寺。宋崇德二年（1103），改崇宁万寿。政和元年（1111），改天宁万寿。绍兴七年（1137），改报恩广孝。是年又改报恩光孝。后又名天宁报恩。以上为寺名的沿革过程。

宋建炎间（1127—1130），寺燬。元至元十九年（1282）复燬。至大二年（1309），燬于倭。康熙二十三年，燬。康熙五十八年，僧明文重建。

现在，寺庙的前方有天王殿。天王殿三间六面，累层门，山形屋顶。殿中央是弥勒佛，其背后是韦陀，两侧则安置了四大天王像。这和常见的天王殿布置一样。过天王殿后，东面有钟楼，正面有大雄宝殿，僧房在其左右。这些都是近世重建的（图97-2）。

钟楼为重层，每层都有裳层，为四重之观。下层挂着“幽冥教王”之额。上层的屋顶是歇山顶，每层的屋檐都往上翘得很高，给人一种奇拔、轻快的印象。

大雄殿五间五面，为重檐歇山顶，上层悬挂着“大雄宝殿”之额。斗拱为出三跳，屋檐则是在双层椽木中打入椽头板。内部的天棚为露明望板。中央佛坛上安放着释迦三尊。（关野贞 文）

图 97-2・天宁寺

四明 | 月湖

《敕修浙江通志》卷十三中《宁波府·山川五之下》，对于月湖，记载如下：《舆地纪胜》：在州南湖中，有汀洲岛屿凡十，曰：柳江（译者注：《文渊阁四库全书·浙江通志》写为"柳汀"）、雪汀、芳草洲、芙蓉洲、菊花洲、月岛、松岛、花屿、竹屿、烟屿，四时之景不同。而士女游赏特盛于春夏，飞盖成阴，画船漾影，无虚日也。

《四明它山水利便览》：湖之支渠，缭绕城市。往往家映修蕖人酌清沚，有旱则引它山之水入月湖，以济一城之用。

1921年6月30日，诸桥辙次博士到月湖游玩。后来他在《游中杂笔》中描写道："入口有贺知章之祠，不远处即为其故宅。过圆桥至竹屿，风景美不可言。有一茶馆，当年为宋越王史浩读书之地，其名为真隐堂。湖中有柳汀。现已改为小学。"（常盘大定 文）

图98-1·四明·月湖真隐堂

图98-1、图98-2、图98-3由诸桥博士拍摄。

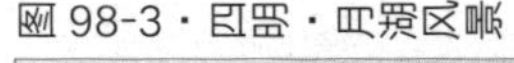

图 98-3 · 四明 · 月湖风景

图 98-2 · 四明 · 月湖风景

天一阁

1921年6月30日，诸桥辙次博士走访此地时曾到宁波劝学所，问询有关天一阁主范氏的消息，得知现在的阁主为经商之人，少有学界之人。诸桥博士游览完月湖之后，参观了天一阁，并在其书中记述道："匾额尚存，园木尚葱郁。而人书皆空。闻其藏书于民国三年被流贼所夺，不知道这究竟是怎么一回事。"（常盘大定 文）

慈湖书院

慈湖书院原来是宋时杨简的书院，现在（1921年7月1日）被作为小学使用。

《宁波府志》卷之九，有关该书院这样记载道：慈湖书院在县东北一里。宋咸淳七年，制使刘黻奏建慈湖书院于普济寺右，祀乡先生杨文元公。云云。（常盘大定 文）

图99-2·慈湖书院

图 99-1・天一阁

浙江奉化

岳林寺

岳林寺位于宁波西南水路九十里外的奉化县城东北三里处，刚好就在登天台山的路上。寺院的伽蓝配置和其他寺院大同小异，东西各有一座四角五重的小塔，还有两个圆池。

照片是 1907 年由伊东忠太博士拍摄（图 99-3）。

岳林寺因与布袋和尚有渊源而闻名。《佛祖统纪》卷第四十二贞明二年（916）之下，有关布袋和尚的记载如下：

四明奉化布袋和尚，于岳林寺东廊，坐磐石上而化，葬于封山。既葬，复有人见之东阳道中者，嘱云，“我误持双履（译者注：《佛祖统纪》写为“持只履”）来。可与持归”。归而知师亡，众视其穴，唯只履在焉。师初至，不知所从。师自称名曰“契此”。蹙额皤腹，言人吉凶皆验。常以拄杖荷布袋，游化廛市，见物则乞。所得之物，悉入袋中。有十六群儿，哗逐之，争掣其袋。或于人中打开袋，出钵盂、木履、鱼饭、菜肉、瓦石等物，撒下云“看！看！”又一一拈起云：“者个是甚么？”又以纸包便秽云：“者个是弥勒内院么？”尝在路上立，僧问：“作么？”师云：“等个人来。”曰：“来也。”师于怀中取一橘与之。僧拟接，复缩手云：“汝不是者个人。”有僧问：“如何是祖师西来意？”师放下布袋，叉手立。僧云：“莫别有在？”师拈起布袋肩上行。因僧前行，师抚其背。僧回首，师云：“与我一钱来。”尝于溷所示众云：“化缘造到，不得于此大小二事。”郡人蒋摩诃，每与之游。一日，同浴于长汀。蒋见师背一眼，抚之曰：“汝是佛！”师止之曰：“勿说与人。”师常教蒋念《摩诃般若波罗蜜》，故人间呼为摩诃居士。师昔游闽中，有陈居士者，供奉甚勤。问师年几，师答曰：“我此布袋与虚空齐年。”又问其故，师曰：“我姓李，二月八日生。”晋天福初（963），莆田令王仁，于闽中见之，遣一偈云：“弥勒真弥勒，分身千百亿，是时示时人，时人俱不识。”后人有于坟塔之侧，得青梵净瓶、六环锡杖，藏之于寺。

《奉化县志》卷十四城中东北之条下，有关大中岳林禅寺记述如下：

“县东北五里。梁大同二年始创溪西，名崇福院。唐相李绅书额。会昌中燬，大中三年，闲旷禅师徙建溪东。僖宗时，有僧游寓，常携布袋，人称欢喜和尚，大兴梵宇，共神异之。宋大中祥符八年，赐今额。……光绪十四年，僧文果鼎建一新。十七年，赐藏经七百二十函。寺内有龙眼池，盛夏不涸。又有古瓷净瓶、六环锡杖，世传弥勒遗物云。”（常盘大定 文）

图 99-3・奉化县・岳林寺

雪窦寺

雪窦寺位于浙江省奉化县西北五十里的雪窦山巅。雪窦山属于四明山脉。宋代僧人重显就出自于雪窦寺，他撰写的《颂古百则》构成了《碧岩录》的主干部分，为此雪窦寺闻名中外。

寺名为资圣寺，是天下禅宗十刹之一。下面大致介绍它的沿革：晋时有尼结庐于此。唐会昌元年（841），改建。景福元年（892），南岳五世常通禅师自宣城来主寺事，始成十方禅刹。五代广顺二年（952），法眼三世智觉延寿撤而新之。宋淳化、咸平年间（990—1003），朝廷御赐资圣寺之额。乾兴年间（1022），云门四世重显明觉再次将寺庙扩大。仁宗皇帝梦游此山，后有“应梦名山”四字额的敕赐。绍兴十七年（1147）（译者注：《奉化县志》写为“绍兴二十七年”），寺院烧毁，如湛重建。其后的变迁不一一赘述。

现在的资圣寺已经没有法堂，不过仍不失其作为名刹之一的风范。其佛殿高七丈、宽十一丈，乃寺之中心。天王殿高六丈三尺、宽十丈。其他还有祖师堂、应供堂、先觉堂、延寿堂、伽蓝堂、禅堂、云水堂、客堂以及方丈（图100-1）。

佛殿内有百丈、黄檗、临济三祖的木像，堪称珍宝。寺庭有六角石幢的下部。其三面有天部之像的高雕，剩余几面为牌位模样的高雕，其中的一个有“常时未充供，至正辛丑三月日”的铭文。也就是说它建于至正二十一年（1361）（图100-2）。

出了山门，沿着西涧走到千丈岩下的松林中，就到了重显禅师塔。塔里除了安放着明觉禅师的灵骨以外，还有开山祖——唐代常通禅师的舍利，以及宋代闻庵嗣宗禅师和自觉慧晖禅师的舍利。四角石塔采取了宝箧印陀罗尼塔式的建筑风格。（伊东忠太、常盘大定 文）

图100-1·四明·雪窦寺·全景

宋重显禅师

雪窦重显是智门光祚的法嗣，隔着智门和香林澄远而成为云门文偃之后嗣。重显出生于遂州，十八岁丧母，依益州普安院仁诜（译者注:《文渊阁四库全书·佛祖历代通载》写为“仁铣”）为师，出家受具。重显出蜀浮沉荆渚间，历年尝典宾大阳，与客论赵州宗旨。客曰:“法眼尝邂逅赵州侍者觉铁觜于金陵，问曰，‘赵州栢树子因缘，记得不？’觉曰:‘先师无此语，莫谤先师好。’法眼曰:‘真狮子窟中来。’觉公言:‘无此语。’而法眼肯之。其旨安在？”重显曰:“宗门抑扬，哪有规辙乎？”时有苦行名韩大伯者，侍其傍，辄匿笑。去客退，重显责之。大伯曰:“笑知客智眼未正，择法不明。”并对以一偈曰:“一兔横身当古道，苍鹰才见便生擒，后来猎犬无灵性，空向枯椿旧处寻。”重显异之，结以为友。重显北游，参隋州智门光祚。光祚及其师澄远皆蜀人。重显俊迈，光祚爱之，五年尽传其道。重显与学士曾公会厚善，相值淮南，曾公问重显:“何之？”重显答曰:“将造钱塘，绝西兴，登台雁。”曾公曰:“灵隐天下胜处。珊禅师，吾故人。”以书荐显。重显至灵隐，三年陆沉众中。俄曾公奉使浙西访重显，灵隐无识之者。于是，曾公就在千余人的僧堂中物色求之，终于找到了重显。曾公问向所附书。重显袖纳之曰:“公意勤然，行脚人非督邮也。”曾公大笑，珊公以是奇之。苏州翠峰山寺庙恰好有空缺，珊公举重显出世。没过多久，重显进入四明的雪窦山，一住就是三十余年。宗风大振，天下龙蟠凤逸，衲子争集，号云门中兴。尝经行植杖，众衲绕之。忽问曰:“有问云门，‘树凋叶落时如何？’曰:‘体露金风。’云门之所答乃何意？”有宗上座曰:“待老汉有悟处即说。”重显熟视之，惊曰:“非韩大伯乎？”于是令挝皷众集，重显曰:“今日雪窦宗上座，乃是昔年大阳韩大伯。具大智见，晦迹韬光，欲得发扬宗风。幸愿特升此座。”宗遂升座。僧问:“剑未出匣时如何？”曰:“神光射斗牛。”又问:“出匣后如何？”曰:“千兵虽易得，一将实难求。”僧退，宗乃言:“宝剑未出匣，神光射斗牛，千兵虽易得，一将实难求。”便下座。一座大惊。重显敷扬宗旨，妙语遍丛林。他曾经根据《景德传灯录》，选录古则中重要的一百则，作成了《颂古》。

后来，佛果圆悟又在《颂古》中添加了垂示、评唱、著语，完成了宗门第一书——《碧岩录》。宋仁宗皇祐四年（1052），重显七十二岁圆寂。世人在山中建塔纪念。在世中，赐号明觉大师。门人将其遗录编撰成《洞庭语录》《雪窦开堂录》《瀑泉集》《祖英集》《颂古集》《拈香集》《雪窦后录》等七集。（常盘大定 文）

图 100-2 · 四明 · 雪窦寺 · 六角石幢下部

浙江鄞县

天童寺

进入山门后穿过松林，再大约走两百多米，就到了万工池。万工池分南北两处，之间列有七塔。站在七塔旁隔池眺望，就能看见正面的天王殿及其背景——一片覆盖着郁郁葱葱的老树的山野。天王殿

天童寺伽蓝配置图

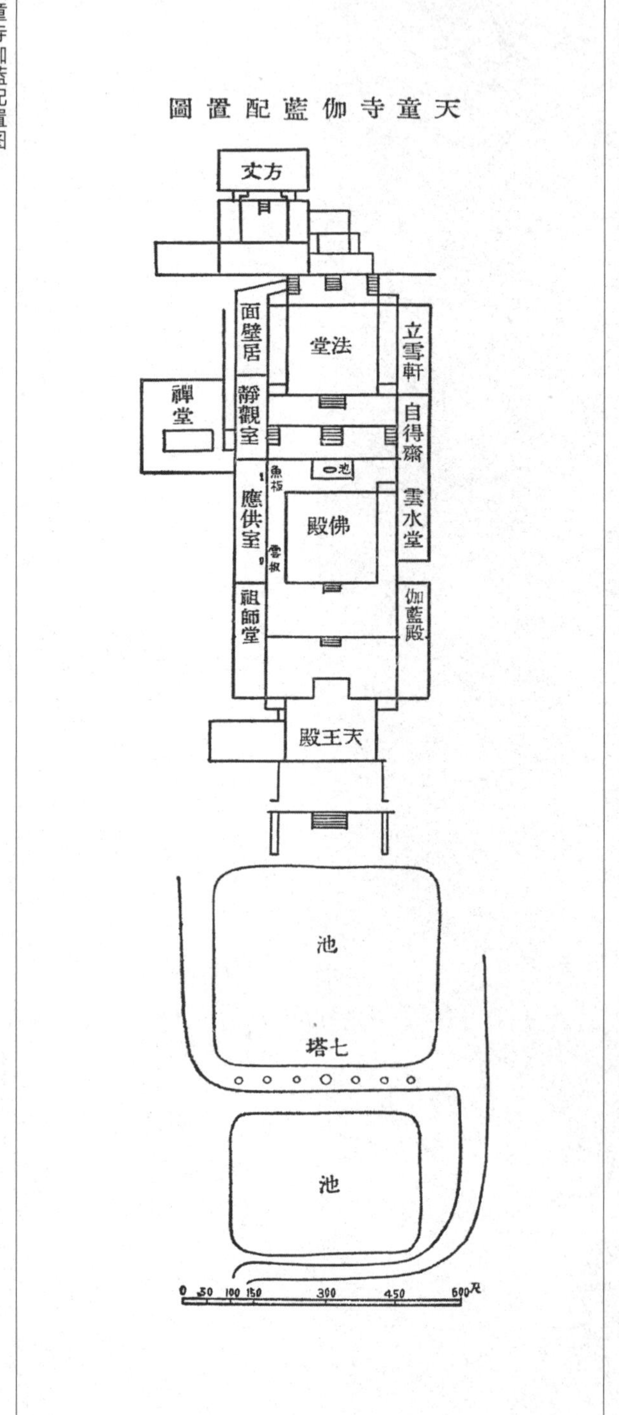

后面还有一些殿堂僧舍，左右延伸，整体格局庄严宏伟，美轮美奂（图101）。过天王殿后，越往后地势越高，正面是佛殿，佛殿的后方是一个小方池，再往后则是法堂。左右的建筑物以佛殿、法堂为中心相对排列，非常整齐。东边有客堂、伽蓝堂、云水堂、自得斋、立雪轩、钟楼（图104-2）。西边有客堂、祖师堂、静观室、面壁居。静观室的西面还有禅堂。另外，法堂的后面还有方丈以及附属的僧舍等，独立构成一个建筑群。天童寺好几次遭遇祝融之祸，现在我们看到的都是近世再建的。但是其规模壮大，殿宇僧舍宏敞，众僧徒不下 250 人，不愧为中国一流的大禅刹。

接下来笔者不赘述细节，只选取部分最为重要的建筑物作一个大致的介绍。（关野贞 文）

图 101・太白山・天童寺・全景

图104-2・太白山・天童寺・钟楼

七塔

《天童山志》（译者注:应为“《天童寺志》”，下同）对于七塔记载道:绍兴四年，宏智禅师建僧堂、杰阁、庐舍那阁等，前作二大池，曰“万工”，中立七塔。由此记载可见，万工池和七塔建于绍兴四年（1134）。日本金泽大乘寺所藏（相传出自道元之笔）的大唐五山图，是在镰仓时代（译者注:1185-1333）由日本禅僧作图带回日本的。图中有天童寺伽蓝图，上面画有两池七塔。由此可知，七塔和万工池创建于宋代。不过，现在的七塔都是近世重建的（图105-1）。《天童山志》记载道:“明崇祯十年，浚筑内外万工池，造七塔。”现在的七塔或许就是那个时候留下来的。

中央塔是石造的，有七重，而其他六塔都是砖砌灰皮，属于宝塔形的一种。塔身都涂以红白颜色（中央塔的左右两塔都是白桦色，再过去两塔为白色，最旁边的两塔为红色）。《天童山志》记载道:“寰宇歌注云:天童池上七塔，四白三赤，白以生水，赤以厌火。”使用红白颜色大概是取自厌胜之意。

天王殿

该殿七间六面，是双檐歇山顶的大型建筑。上下层分别挂“天王殿”“天童寺”之额。内部顶棚为露明望板。其构架之法，以及屋檐建造的手法，虹梁、大虹梁上的宝瓶形短柱等建制，让我不禁想起日本东大寺南大门。南大门的样式是重源上人入宋后，遍访江浙一带大寺院而传入东大寺的。因此，彼此虽然相隔了七百多年的岁月，南大门和这里的天王殿的样式还多少有些相似。这一点并非巧合。

殿内正中央是弥勒，弥勒的背后是护法神，而左右两侧则是四天王。（关野贞 文）

图 105-1 · 太白山 · 天童寺 · 门外七塔

佛殿

该殿七间五面，是重檐歇山顶的大建筑，气势宏大。下层的前方还设了厢房。上层挂着“佛殿”的匾额。厢房中连开着拱券窗，颇引人瞩目。佛殿正面的中间是大门，左、右各两间都有圆窗（图102）。不用斗拱。突出的托架为插拱式，有绘画图案，支撑着最外层的檐檩。屋檐为单层椽子，使用拱形的椽子，打入椽头板。椽子配置之法为：自两侧间中部开始形成扇状。内部地板铺瓦，顶棚为露明望板，相当宏壮。这样的形式接近于重源上人传入日本的天竺风格。我们由此可窥知彼此之间的联系。

佛殿内部的中央以三间三面为正殿，石制的佛坛中央安放着释迦像，左右则是药师和弥陀。释迦像的两旁还有两个罗汉像，其后面呈岩窟状，里面安放着观音的立像。殿内左右侧壁上，并列着十八罗汉像（图102）。

（关野贞 文）

图 102 · 太白山 · 天童寺 · 佛殿

法堂

九间六面，也是重檐的大建筑，前面一间开放着。法堂使用双重虹梁，顶棚为砌上明造，这与一般法堂有异。这里不用拱形的椽木，这是古式的建筑法（图103）。屋顶是歇山顶，铺瓦，却没有大梁，堪称奇特。内部地板铺有木板，比较罕见。顶棚也是砌上明造。中央设方坛，后壁画着狮子（图104-1）。（关野贞 文）

图 103・太白山・天童寺・法堂

天童寺的沿革以及其住持僧

西晋永康中（300），有僧义兴于鄮县东南三十里山谷间立佛祠于岩上。有一童子，日给薪水，后辞去，曰："我太白星也。上帝感师道行，遣侍左右。"言讫不见。其山遂得名"太白"，其寺称"天童"。寺后来毁于兵火。至唐开元二十年（732），僧法璿恢复故迹，建精舍于山麓之东。正字万齐融，建多宝塔于西南隅。以上是《天童山志》所记载的内容，而《佛祖统纪》卷四十中的记载则略微有些出入。《佛祖统纪》中将天童之灵感加于高僧法璿，记载道：法璿居此处，日诵《法华》，感太白化天童送供，夜绕塔行道。人见师身与塔齐，因号太白禅师，名其山曰天童。

开元年间修复的是古天童，当时的多宝塔现在已经不存在了。至德中（756—757），宗弼之徒将天童寺移至太白峰下。那里距离义兴开山之处约一里。这就是新天童。乾元初（758），相国第五琦，请求朝廷赐名"天童玲珑寺"。咸通年间（860—873），赐名"天寿"。宋景德四年（1007），改赐"景德"之额。绍兴初（1131），宏智禅师撤而新之，建千佛阁，宏丽甲东南。为此，宏智被尊为中兴开山。宝祐四年（1256），寺院焚毁。宝祐六年，住持祖智重建。明洪武十五年（1382），定为天童禅寺，称"天下禅宗五山之第二"。这里顺带介绍一下千佛阁的沿革。千佛阁最初是由宋代的宏智所建，宝祐四年遇火，景定四年（1263）僧居敬重建，元代大德五年（1301）新增，赐"朝元宝阁"之额。以上内容都是《天童山志》中记载的。还需要补充说明的是，宋代虚庵怀敞于淳熙十四年（1187）重修寺院时，日本僧人荣西曾赠送巨材。天历二年（1329）寺院烧毁，至元十九年（1282年——至元为误，应该是至正，如果是至正的话，则为公元1359），僧元良复建。书中记载道：明万历十五年（1587）龙作殿圮于水。这应该是指千佛阁。崇祯四年（1631）鼎建重新。其后，就找不到关于千佛阁的记载了。千佛阁现在已经不存在了，由此推测大概是雍正以后消失的。

天童寺到了清朝顺治十六年（1659），住持道忞奉旨重修大殿，因赐"宏法禅寺"之额。康熙二十二年（1683），修葺了佛殿诸寮室。雍正十一年（1733），御赐"慈云密布"四字额。奎焕阁内藏有顺治帝的御碑以及雍正帝的御碑。

康熙七年（1668），住持本億建奎焕阁，恭藏宸翰以及御赐的神佛诸像。书中记载道："同二十二年，挖凿修建万工池。"万工池也就是天王殿前的大池。

天童寺的名僧，开始有宋代宏智，最近有清代密云。宏智属于曹洞宗，密云则属于临济宗。其间，和日本关系密切并且名垂千载的名僧是荣西的师父——虚庵怀敞和道元的师父如净禅师，在中国佛教史上最为著名的则是中兴之祖——宏智。宏智的坟墓就在天童寺东边约二里外的东谷中。穿过参天的巨竹和冷香塔苑的下方，到达古天童所在地，就可以看到东谷庵。庵的右边有十尊宿的木像。十尊宿指的是晋代义兴、宋代宏智、元代孚中、明代大用等。庵的左边有宏智的墓塔，上面写着如下题词：

第十六代宏智觉师塔

塔身呈卵形，很是独特，所谓的卵塔大概指的就是这种形状的塔（图105-2）。（常盘大定 文）

宋宏智禅师

左朝请郎周葵撰写的《妙光塔碑》在《两浙金石志》卷九有记载。根据记载，有关宏智禅师的事迹可以叙述如下：姓李，名正觉。隰州人。祖寂，父宗道。世世学（译者注：《两浙金石志》写为"世学"）《般若》。母赵氏，尝梦五台山一僧解右臂环予之，已而有娠，生师。师右臂隆起，如环状。十五落发，三十四出世得度于净名寺本宗大师，得戒于晋州慈云寺智琼律师，得法于邓州丹霞山德淳禅师。初住泗州普照寺，继住舒州太平、江州圆通、能仁、真州长芦，晚住天童，以应昔梦之故，为终焉之志。戊午之岁（绍兴八年，1138），师被旨住临安府灵隐寺。未阅月而归天童。其住天童，前后凡三十年。寺为一新。三门为大阁，安奉千佛，又建卢舍那阁，傍设五十三善知识。又，僧舍众寮，卧具饮食器，皆精致华好。另筑堤于滨海之隙，障其咸卤而耕之，以给僧供。学者得以专意于道。然则师之所在，皈依者群集，户外之履，常逾千数。丁丑之秋（根据其他史料，丁丑即绍兴二十七年，公元1157年，现记辛丑。如果是辛丑的话，就是宣和三年，公元1121年。因前后记载不合，这里采用丁丑之说），笑语无异平日，忽作遗书与佛日杲禅师，书四句之偈，投笔而逝。乃奉全身葬山之东谷。寿六十七。嗣法之徒，坐大道场，为数甚多。戊寅（绍兴二十八年）春，诏谥明州天童山景德寺之僧正觉为宏智禅师，塔曰妙光。当时，五家宗派的沩仰、法眼二宗中绝，而临济、云门、曹洞三家鼎盛，其徒不深究其师之道，互相诋诃。师为之教人，应空劫自己以持身俨，其倡道也久。庄严佛事，诱引迷途，亦唯恐不及。自初得戒，坐必跏趺，食不过午，一饼一钵，丈室常萧然。若有施者，即与饿疾者，而非出于矫拂。其师淳作《颂古》时，令师致叙其首。芙蓉楷禅师见之曰："僧中复有此耶，吾宗不坠矣。"寂后无几，蒙四字追谥。宠光之至，非出入生死的人天之师所不能达。

此碑是绍兴二十九年（1159）由住持法姪宗珏所立。

（常盘大定 文）

图 104-1 · 太白山 · 天童寺 · 法堂细部

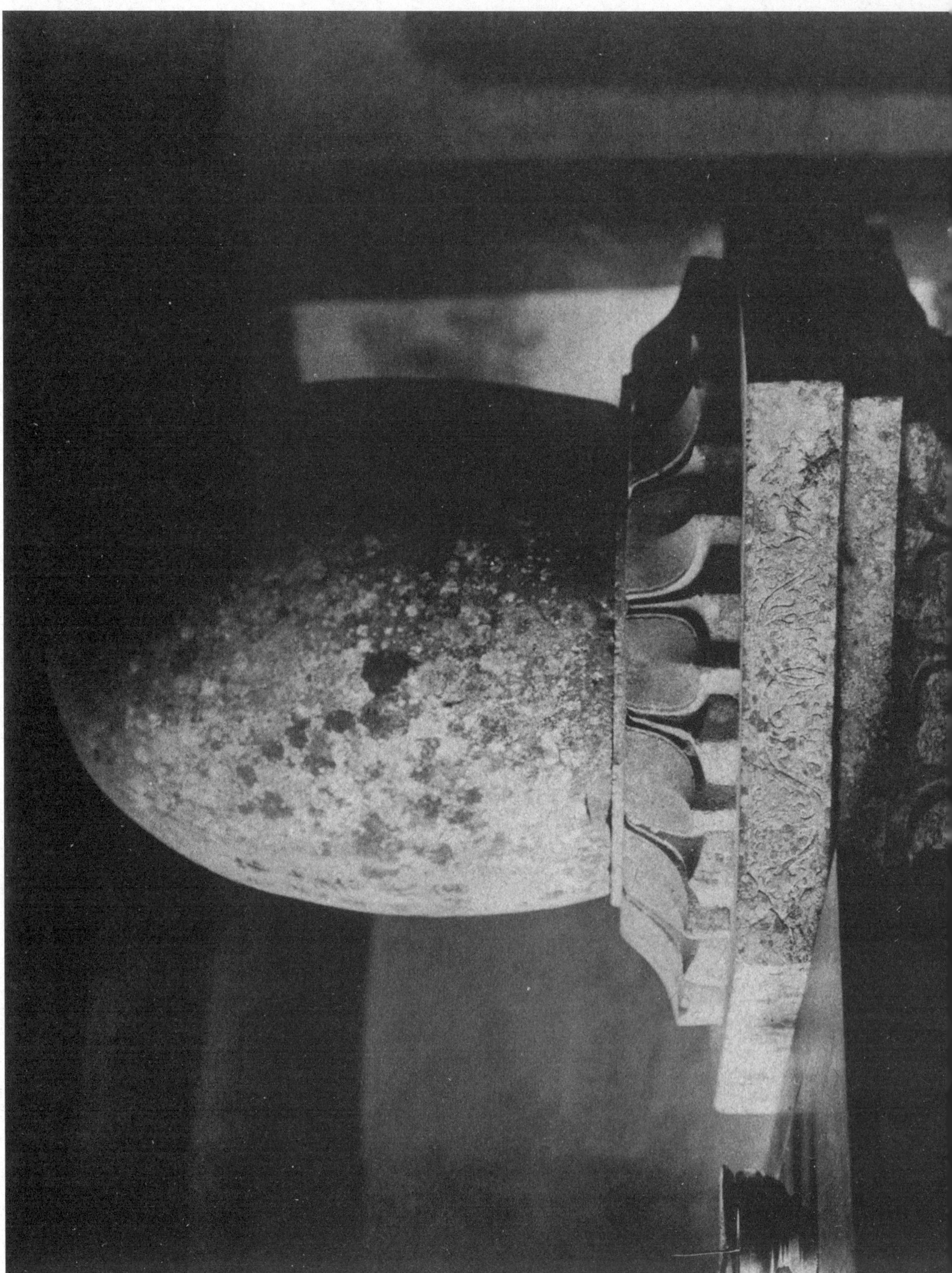

图 105-2 · 太白山 · 天童寺 · 古天童宏智禅师墓塔

镇蟒塔

镇蟒塔位于太白岭的支峰——小白岭头。人们从宁波到天童寺，都必须翻过这座山，因此就要经过镇蟒塔。

《天童山志》记载道：

（武宗）会昌（年间），心镜禅师藏奂，徙清关潭神龙于太白峰顶，建镇蟒塔于小白岭头。

（正疏）相传，师自云间历游至山。居久之，以龙湫近在清关桥侧，行人易触，乃呪龙入钵，移之峰顶。倾钵成龙（译者注:《天童寺志》写为"倾钵成池"），龙即安焉。又山中有蟒，每为人患，师以法度。一日蟒死岭上，焚而瘗之因镇以塔，至今犹存。

根据这些记载可知，镇蟒塔创建于唐代会昌年间。而今天我们看到的塔，可能是宋代再建的。笔者关野于 1918 年造访镇蟒塔时，七层的砖塔，每一层的塔盖都已经没有了，只留下砖砌的柱形以及一部分斗拱，损坏非常严重。但是，常盘于 1922 年造访时，塔已经得到修复，面貌一新，甚至都看不到昔日的模样。图 106 上的两张新旧塔的照片生动地说明了这一点。通过这件事，我才知道，原来中国的工匠并不重视古迹原来的样式如何，在修复的时候，会拼命地搬弄新手法，不惜破坏旧的造型。所以很多伽蓝的塔创建的年代很早，但是样式却很近代化。（常盘大定 文）

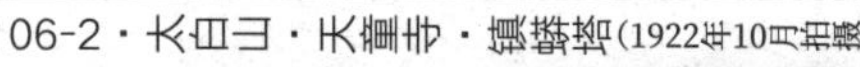

图 106-2・太白山・天童寺・镇蟒塔(1922年10月拍摄)

图 106-1・太白山・天童寺・镇蟒塔(1918年9月拍摄)

阿育王寺

阿育王寺现在的建置以天王殿、大雄宝殿、舍利殿三殿为中心，祖堂、钟楼、客堂、方丈等一应俱全，右边平地有下塔，后面则小山蓊郁，赏心悦目。天王殿前有一个池子。从整体上看来，阿育王寺保持了古来名刹的风貌。外门上挂着"东南佛国"之额（图107、图108-1）。（关野贞 文）

大雄宝殿中央的坛上安放着释迦、药师、弥陀，三尊皆为入定相。释迦的左右有迦叶、阿难两罗汉，释迦的后方是观音。左右两边的墙壁排列着十八罗汉。后壁以文殊和普贤两位菩萨为中心。位于右方的普贤菩萨，其右边是达摩以及二人的祖师，左边是四宝冠菩萨；而位于左方的文殊菩萨，其右边是四宝冠菩萨，左边是伽蓝神、元璧真君、关帝。相传宝冠形的菩萨为七宝住佛（译者注：原文如此。育王寺大殿内部示意图上写为"七宝佳佛"，前后文有出入）。其中有一个怀抱着婴儿，大概是送子娘娘。（常盘大定 文）

育王寺的缘起是基于舍利涌出的奇瑞，因此本寺的中心在舍利殿。根据万历编撰的《阿育王山志》中的绘图，可知进入外门，越过大殿基，穿过内山门，便可以到达舍利殿。以舍利殿为中心，右边是客堂、中厅、方丈、承恩堂、厨房、茅蓬，左边是祖堂、法堂、禅堂、钟楼。这个舍利殿就是后来的育王寺。现在的育王寺，右方有更为宏大的大雄宝殿，让人觉得舍利殿的地位似乎已经退居其后。但是，不论殿的大小，舍利殿应当还是占据主位的。来自四面八方的善男信女们接踵而至，为的就是拜舍利殿中珍藏着的佛舍利塔（图108-2）。（关野贞、常盘大定 文）

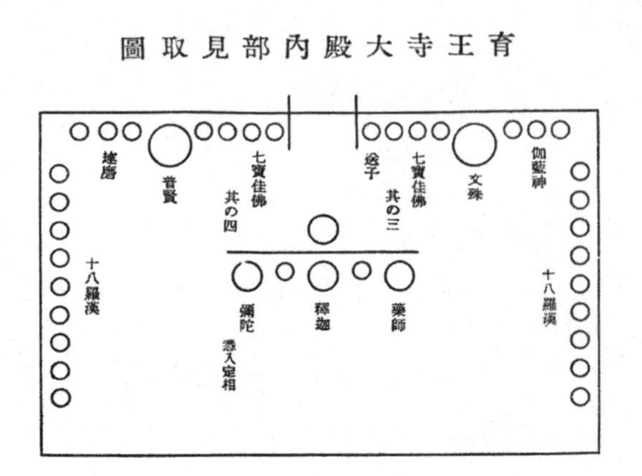

育王寺大殿内部示意图

《阿育王山志》记述了舍利殿中奉安舍利塔的缘起，内容如下：舍利塔乃中天竺阿育大王所建的八万四千宝塔之一，其中藏佛舍利一颗，该塔为震旦国十九处中之一（《阿育王造塔缘起》）。晋太康三年，并州离石人刘萨诃，弋猎为业，病死，见一梵僧，谓曰："汝罪重，应入地狱。吾甚悯汝。今洛下、齐城、丹阳、会稽并有古塔，及浮江石像，悉是阿育王所造。可勤求礼忏，得免此苦。"既苏，改业出家，更名慧达，如言南行，至会稽海畔山泽，遍求莫得。正烦恼间，偶闻钟声殷殷响地下，慧达竭诚恳求三日，忽见宝塔从地涌出（《刘慧达求塔缘起》）。鄮峰即舍利涌出之所，今上塔是也（《别论鄮山》）。皇明万历丙子，四明士夫，命本山僧法悟，重建塔殿下。立石浮屠，高二丈许，规制仿宝塔，而藏宝塔于其中（《重建塔殿缘起》）。（常盘大定 文）

而有关宝塔的形态和材质，《阿育王山志》作如下描述：

光明腾耀，色青如石。高尺四寸，广七寸。五层露盘，四角挺然。四面窗虚，中悬宝磬。周以天王，及诸佛菩萨，善神圣僧天神。绕塔像极精巧。（元至正乙未住山悟光识《释迦如来真身舍利宝塔传》）

《山志》各处所记述的内容大致相同。不过，《刘慧达求塔缘起》里记述的不是"宝磬"而是"金色小钟"，并且写道："舍利缀于钟下，圆转不定。"《西晋会稽鄮县塔缘》记述说：此宝塔与西域于阗所造相似。图110上有该寺所藏的碑拓本，其中央的宝塔大概是基于这些记载所画的。然而，日本真人元开撰写的《唐鉴真过海大师东征传》中的记述却稍有差别。现引用如下：

其塔非金非玉，非石非土，非铜非铁。紫乌色，刻镂非常。一面萨埵王子变，一面舍眼变，一面出脑变，一面救鸽变。上无露盘，中有悬钟，埋没地中，无能知者。唯有方基，高数仞。草棘蒙茸，罕有寻窥。

唐代鉴真实际目睹了宝塔，令人写下了这段文字。《阿育王山志》出自住持之手，但是这已经是元代以后的事了。鉴真的记述更为可信。吴越王钱弘俶所造的八万四千塔，应该都是模仿此塔，其样式与图110中的塔颇为相似，而且四面的镂像也和鉴真的记述吻合。吴越王的塔在天台山国清寺。在介绍国清寺的那一部分，我们提供了照片。

吴越王的塔乃铜制，对于铸造，其底边内部有如下刻铭：

吴越国王

钱弘俶敬造　人（或保、或化、或乙）

八万四千宝

塔乙卯岁记

乙卯是后周世宗显德二年（955）。有关吴越王塔,《金索》记载如下：

外四面镂释迦往因示相。前则尸毗王割肉饲鹰救鸽。后则慈力王割耳然灯。左则萨埵太子投厓饲虎。右则月光王捐舍宝首。文理密致。

吴越王钱弘俶造　舍利塔（细川护立侯所藏）

由此往上追溯，我们应该可以推测出唐代鉴真所参拜的宝塔的模样，再往上追溯还可以推测出传说由鄮山涌出的宝塔的模样。

以下对育王寺的沿革及其名僧作一概述。西晋太康三年（282），刘萨阿（法名慧达）得舍利涌出之感应。为此，晋义熙元年（405），朝廷敕建塔、亭、禅室，这就是本寺的起源。刘宋元嘉中（424—453），朝廷遣陈精并僧道祐广兴创建。梁普通三年（522），敕建堂殿房廊，赐额“阿育王寺”。周建德五年（576），寺院遇灾。经过唐代到了宋初（960）又重建，大中祥符元年（1008），朝廷赐名“广利寺”。大觉怀琏任住持，寺院正是在此时闻名于天下。到了明洪武十五年（1382），寺名改为育王禅寺，该寺被定为天下禅宗五山之第五，住持崇裕进行修复。万历年间（1573—1619），僧传瓶重建佛殿。崇祯年间（1627—1643），僧正理重修。清朝康熙十八年（1679），僧法钟重修。

育王寺历任住持当中，在佛教史上最为出名的是宋代大觉怀琏以及大慧宗杲的二大禅伯，接着是元代物初大观、明代大千慧照等。大觉于治平时（1064）入山。康熙二十三年以后，有苏轼撰文并书写的《宸奎阁碑》。大慧住山仅为一个月。这在《阿育王山志》卷八、释宗演所订年谱的摘录所引《宋大慧普觉禅师传》中有记载。其内容为:绍兴廿六年（1156），大慧六十八岁。十月，至宁国，适明州育王山。寺使至，准朝命任住持。十一月，大慧渡钱塘，至明州光孝寺开堂。根据张九成撰写的《妙喜泉铭》，我们可以了解大慧入山的足迹。《宸奎阁碑》《妙喜泉铭》和《唐阿育王寺常住田碑》一并保存于本寺舍利殿前的塀壁中。

《宸奎阁碑》有跋文，这是以后蔡贵易于万历乙酉（万历十三年,1585）添写的。根据跋文的记叙，宸奎阁不知毁自某年。寺西折数十步，有妙喜泉，相传泉中有沉碑。因此，蔡贵易至四明之时，命僧索之水中，乃得唐范的书《常住田碑》一通，其背面有宋代张无垢撰写的《妙喜泉铭》。就这样，数百年的旧迹，一时得以轩露。其后，对于范东明司马和苏长公的阁记，文中还记述道:司马家之所藏，有长公的旧刻。蔡氏为之欣然，遂双钩入石，补阿育王寺之阙典。根据跋文的内容，我们得以知晓，嵌在舍利殿前塀壁中保存下来的《宸奎阁碑》（图111）是明代重建的。同时，我们也知道了《妙喜泉铭碑》是复刻了《常住田碑》背面所刻下的内容。

图 107 · 鄞县 · 阿育王寺 · 全景

图 108-1 · 阿育王寺 · 天王殿

图 108-2・阿育王寺・舍利殿

下塔

阿育王寺有上下二塔。关于下塔,《阿育王山志》刊载的《阿育王山广利禅寺重建下塔记》里有如下的记述:

撤旧塔而新之,始工于至正廿四年七月四日,越四年成。崇十有三丈五尺,广二丈三尺。中为级道,下设世尊象。环列十六应真,天神卫护。前为山门,后建殿五间。几筵香灯,无弗备者。

由此可知,现在的塔于至正二十四年(1364)动工,花了四年时间完成。塔如今立于寺院前面的荒圃中,颇为废颓。

此塔乃八角七层砖塔,只有第一层还另外建造了木造的塔檐,但是现在已经见不到了。第二层以上有角柱、八角斗拱、出一跳,附在壁上的斗拱都是用砖砌成的,而向外伸出的斗、拱以及最外层的檐檩都是木造的。檐现在虽然是以砖砌为托座,但过去应该是使用木制的椽子。现在,塔的第五层保存了比较多的木造部分。

塔的第一层每面宽约十二尺,全高约十二丈,各层的递减幅度较小。顶部有相轮,塔身颇为高秀。第一层的入口现在已全部封闭了,第二层以上,每层每面过去都开着拱券窗,现在也都堵住了,成为佛龛,内部放着佛像(图 109)。(关野贞 文)

图 109・阿育王寺・八角七层塔

一心頂禮中天竺本師釋
諸佛法身如虛空
我身影現化事前
經云釋迦如來所現金光明
牟尼舍利塔前五體投地悔
陀羅尼乃是過去九十九億
者路不帝那置 畢者帝那
不多帝那置 阿若婆若兜
置 烏奢副帝那置 婆者
置 畢黎帝叱帝那置 婆
經云若有衆生修行此陀羅
除令無遺餘十方諸佛放大

图 110・阿育王寺・舍利塔碑拓本

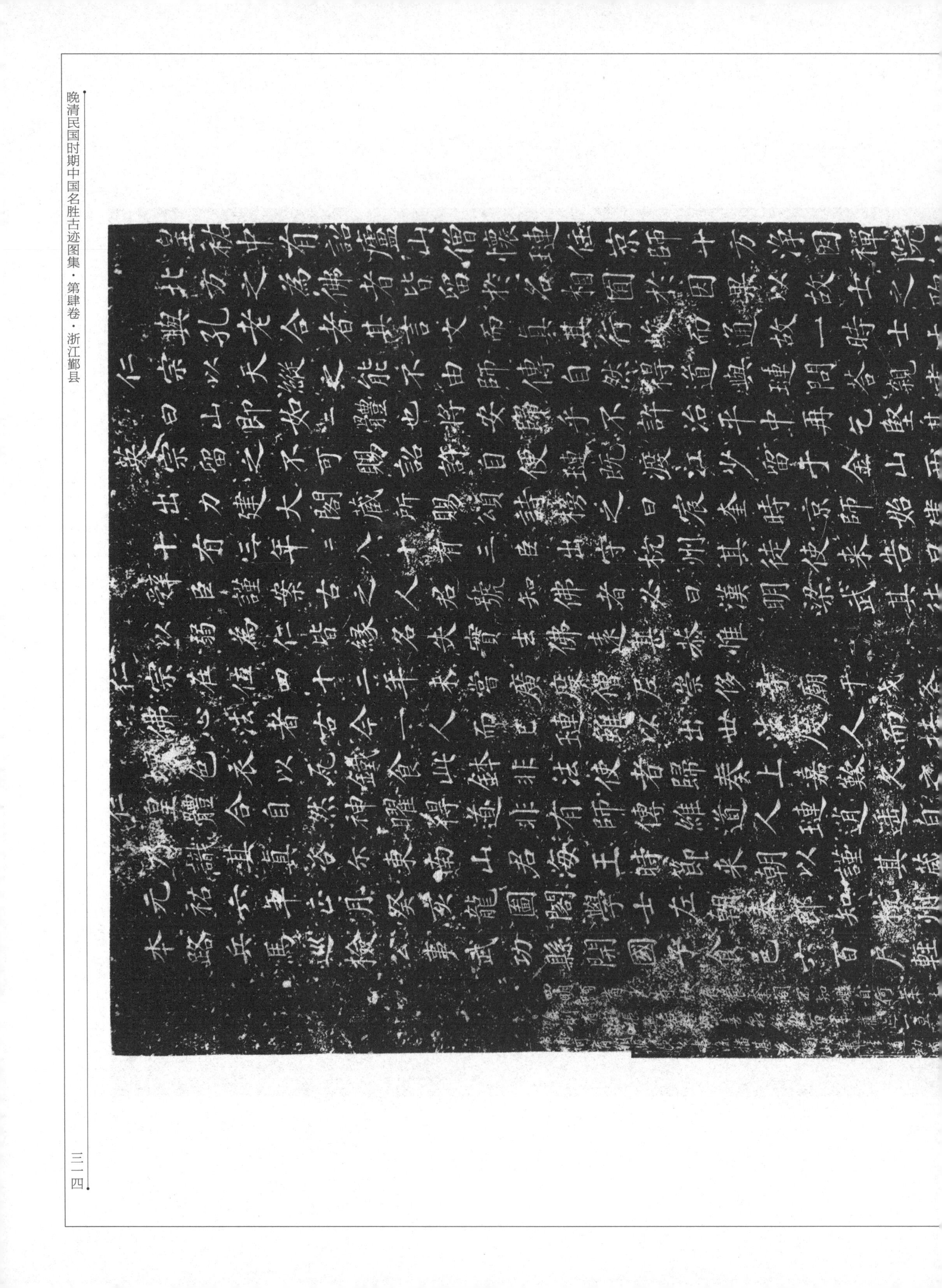

图 111 · 阿育王寺 · 大觉怀琏禅师碑拓本

浙江普陀山

概况

普陀山一名补陀山，全名为普陀洛伽山，《华严经》又称补怛洛伽山。普陀山乃善财第二十八参——观音菩萨说法处，传记称东洋西紫竹旃檀林者是也。该山位于定海县东面百余里外，孤峙于海中，全山纵横十余里，周围四十余里，或曰百里。

从宁波乘船到海上普陀，其间经过镇海、穿山、舟山（定海）、沈家门，到达岛的南端，一登陆就可以看到同登彼岸坊。这里是迎接参拜者的关门，再往前行少许，就到了慈航普度门。

笔者常盘于 1922 年 10 月走访普陀山的时候，曾夜宿太子塔旁的天福禅院。笔者向知客僧询问了岛中寺院的数量，僧人答道：三大寺（前寺普济、后寺法雨及佛顶山慧济寺），房头七十余，茅蓬百四十余。

所谓房头、茅蓬，是指中小寺院。全岛几乎布满了佛寺。进入同登彼岸坊后，踩着铺在道路上的巨石，一直走到寺院附近一带，脚下就会踩到刻于石头上的莲华。其中有一些雕刻模样颇具欣赏价值。来到观音大士示现地，一路上朝拜者都能切身感受到步步生莲华，遍处成净土之妙境。因此，天下的善男信女都云集于此，也是理所当然的。据说，普陀山得到的布施之财，在中国寺院中属第一。

和江北寺院大多荒废的现状不同，普陀山的每座寺院都设备齐全。只要这里有学德兼备的高僧，那么其势力便能压住全中国的寺院。这里已经出现了像佛顶山印光和尚那样以净土为信念、学德兼优的僧人。全山之所以能自古以来就保持着名声，必然是因为山中有可观的法式，还有让同行业其他众人心服口服的东西。全岛都是寺院的普陀，绝对不让女性往来，山上只有三四个上年纪的女性，而且不啖肉、不吃烟、不饮酒。这一点虽然有可能导致佛教被思想界驱逐，但是，它在中国文化中无疑占有难以撼动的一席之地。（常盘大定 文）

普陀山略图

潮音洞

潮音洞在普济寺的东面、龙湾的山麓、金沙的尽头（图112-1）。普陀山作为观音大士示现的道场闻名于世，而潮音洞则是这个岛中最根本的圣地。从普陀山与慧萼（或慧谔、慧锷）的关系上说，潮音洞是其中最主要的古迹。慧萼乃日本僧人，得观音像于五台山，欲接观音返回日本之时，船触新螺礁无法前进。慧萼祈祷说："使我国众生无缘见佛，当从何所立精蓝。"有顷，舟向潮音洞泊焉。当地居民张氏目睹眼前发生的奇事，遂舍宅筑寺奉之，并取名为"不肯去观音院"。这就是普陀山开山之初始。其后，几经变迁，虽然不肯去观音院的后继者在别处，但是灵像停留之地就是这里。这里如今称为紫竹林。洞中四周的岩石带着紫色，全都是羊齿科植物化石，形状很像绘在纸上的竹叶，因此得名。

根据《普陀山志》中的记载，以下大致描述一下洞的形状：岩石从起沙中，广至亩许，齿齿然不可容足。从崖至洞脚，高二十余丈。歧处如门，穹上虚下，窅若漏屋。当潮水遇风，狂号驶奔入洞中，铿訇镗磕，声若轰雷。……潮音之奇，不止洞内、洞口、石门数处，巉岩佶屈，怒涛没石，观者眩目震耳。士女向洞叩拜，大士现身不一，随诚所感。甚或投崖碎体，求往生净土。谓之舍身。有司立石禁止，劝人莫要舍身。云云。

慧萼在日本佛教史上地位并不算高，而对于中国佛教，虽属偶然，却留下了如此有影响的事迹，应该说这是一种因缘。其故址和遗物自然成为人们感兴趣的焦点。笔者在紫竹林中没有发现任何东西，但是据说，磐陀庵主宗德曾向人说过，普济寺中有慧萼的肖像，朱宗镇有慧萼的墓。传言之真伪及东西的有无姑且作为课题留待他日确认。（常盘大定 文）

日本慧萼

普陀山开山祖——日本僧人的名字在不同的书籍中有不同的写法。入唐沙门圆仁《入唐求法巡礼行记》第三、第四，金泽文库旧藏《白氏文集》卷三十二、三十三、五十二、五十九之跋，《续日本后记》卷十七，《文德实录》卷一，《元亨释书》卷十六，《壒囊钞》卷十，《头陀亲王入唐略记》将其名字写为"慧萼"或"惠萼"；《佛祖统纪》第四十三，《佛祖通载》第十六，元盛熙明述《补洛陀迦山传》第四，明周应宾编《重修普陀山志》卷二，清许琰编《重修南海普陀山志》卷二将其名字写为"慧锷"或"惠锷"；《定海厅志》第二十七，明周应宾编《重修普陀山志》卷二将其名字写为"慧谔"。一般认为，慧萼与圆仁同时在唐，因此依照圆仁的记载，写为惠萼应该是对的。

关于普陀开山的年代，也有各种说法。不过，若按照圆仁的记载，应该是这样的：惠萼乘坐遣唐使从日本返回中国的船只到达中国。他先是去了五台山。会昌元年（841），在天台山停留之际，曾许愿回日本为五台山向四方募集僧供，并让弟子二人住于五台。会昌四年，请诸人书写《白氏文集》。大中元年（847）一度归国，后奉檀林皇后橘夫人之命，再次入唐，邀请杭州盐官齐安禅师的高弟——义空一同回日本，并首次将禅宗传到了日本。义空归西后，惠萼再次入唐，请求苏州开元寺的沙门契元造碑刻《日本国首传禅宗记》，附舶寄来日本。据说，空海在唐期间，虽然知道禅宗的存在，但是不及深入研究就返回日本，于是他派遣惠萼入唐求之。惠萼在普陀开山的时间为大中十二年（858）。他多次登五台后，感应求得观音像，并欲迎之回国。其所坐之船在过补陀海滨的时候被卡在岩石上，无法继续前进。他们扔掉船上的各种货物，但还是无法前进，直到他们把观音像也搬了出来，船才开始浮起。惠萼不忍留像而去，只好自己也留下，在海峤结庐以奉像。这就是不肯去观音院的起源。不肯去观音院也就是现在的普陀山普济寺。

《定海厅志》第二十七卷将慧谔事迹发生的时间视为唐代大中年间，而将梅岑山观音宝陀寺的创建时间记载为梁代正明二年。正明即贞明。《统纪》《通载》《元亨释书》都将慧萼事迹发生的时间记载为唐大中十二年或者大中年间，但是元代《补陀洛迦山传》却说日本僧惠锷于梁代贞明二年在梅岑山之阴首创观音院。《定海厅志》是大德年间编撰的，而《补陀洛迦山传》至少比它晚了五十四年，也就是至正二十一年写成的。《定海厅志》清楚地将慧锷的事迹和宝陀寺的创建区别开来，而《补陀洛迦山传》把两者结合起来，在寺院的创建时间贞明二年之下加上了寺院之祖惠锷的名字。以至于后来明清时代的《普陀山志》将慧锷事迹发生的时间记述为贞明二年。另外，《入唐五家传》所收的头陀亲王入唐略记中说道，慧萼于唐代咸通三年（862）跟随日本高岳亲王、和宗叡等一起入唐，翌年归国。从上述诸书看的话，这个记述不可信，那或许是他作为传语之人自普陀山从游的。以上的内容都是根据桥本进吉氏编的《慧萼和尚年谱》来叙述的。该年谱收录于《大日本佛教全书》游方传丛书第四。（常盘大定 文）

图 112-1 · 普陀山 · 潮音洞

磐陀石

磐陀石位于普陀山西南境内。来普陀山参拜的人，都要经过这里，这几乎成了一个常规，磐陀石的名气可见一斑。巨石架于另一块石头上，其状如重台，上面的石头刻有磐陀石，可以由梯子攀登而上（图112-2）。在为数众多的题刻中，有“大士说法之处”的题刻。磐陀石出名的理由就在这里。

《普陀山志》记载道：下石周广百丈，高身而锐顶，磐陀托之，广逾下石。两石中间有罅间，睨之通明，纵横各十余丈，云云。东道的中国人说：由于绳子可以穿过两块石头之间，这说明上面的石头并没有靠着下面的石头，而是悬浮于空中的。这个奇观足以孕育观音传说。

《普陀山志》还记载道：说法台石在磐陀东，相距百步，高若相望大士说法处。五十三参石在磐陀西，奇石参差矗立，若听法者，其数未必相符。笔者当时还不知道这些事，也就没有仔细地找寻。现在想起来，此实为一大憾事。（常盘大定 文）

图 112-2・普陀山・磐陀石

太子塔

太子塔坐落于距离普济寺东边数十步的地方，由元代孚中禅师所造，本名为多宝佛塔。《普陀山志》卷六、元孚中禅师之条下记载道：

泰定丙寅（三年，1326），行宣政院，请住明之观音寺。天历己巳（二年，1329），迁住此山。师不以位望之崇，效它山饰车舆，盛徒御，以夸衒于人，自持一钵，丐食吴楚间。镇南王具香花，迎至府中虚心问道。宣让王，亦奉旃坛香，紫伽黎衣，请示法要。师随性资而导之。姑苏产奇石。师购善工，造多宝佛塔五层。载归海东俾信心者礼焉。（宣让王施钞建，故又名太子塔。）

以上说明太子塔是孚中亲自让人建造的，从行文上看来，建造时间似乎是天历二年（1329）。不过关于建造年代，也有说成是元统元年（1333）的。而据民国八年陈善士重修塔时所立的塔门碑中记载，太子塔是宣让王为孚中禅师修建的。

以上是有关古塔的记载。1907年3月，伊东忠太博士前往太子塔的时候，塔虽有破损，然古色依存，是岛中唯一的古建筑（图113-1）。然而过了十五年，1922年10月，笔者常盘大定去的时候，太子塔犹如白玉一般，尽显美观。仔细一观察，原来是塔被加了塑。笔者对此甚为惊骇（图113-2）。

陈氏重修碑记载道："高九丈六尺……凡五层。四面各安佛相，变化不一。"作为现代新修之塔，它颇具有观赏价值，这是因为作为其基础的古塔实际存在过的缘故。（常盘大定 文）

图113-1·普陀山·太子塔（1907年3月拍摄）

图 113-2 · 普陀山 · 太子塔（1922年10月拍摄）

普济寺

敕建赐额普济禅寺在白华顶南灵鹫峰下，历代废兴不一。

普济寺的起源可以追溯到后梁贞明二年(916)，日本僧人慧萼自五台山得观音像，欲将其迎往海东，由于有这个因缘，当地居民张氏在这里修建了不肯去观音院。因此，《普陀山志》卷七中，将慧锷视为开山第一代。对于这点还有其他说法。《佛祖统纪》卷四十二，把慧锷的事迹往前推移了五十多年，在唐宣宗大中十二年(858)之下记载了这件事，慧锷的观音像由鄞人请其像归安开元寺。该书还写道：其后有异僧，持嘉木至寺，仿其制刻之，其像被迎至补陀山。另外，慧锷这个名字，正确的写法应是“慧萼”，这一点在前面已经提到过了。

至宋代元丰三年(1080)，寺院改建之际，赐额“宝陀观音寺”，置田度僧。绍兴三年(1133)殿被毁，朝廷赐钱缗重新修饰，七年修建完毕，赐“圆通宝殿”御书，德韵创建龙章阁而藏之。至元代，大德四年(1350)，命治演法堂。元统元年(1333)，宣让王为孚中禅师在寺内建太子塔(关于这点有不同的说法，上文已经提及)。至明代，信国公汤和徙居民入内地，焚其殿宇，供瑞相于郡棲心寺，仅留铁丸殿一所。正德十一年(1445)(译者注：《普陀山志》《重修普陀山志》写为“正德十年”)，僧人淡斋于潮音洞南建正殿五间、方丈二十间(此记载不明。笔者认为正殿应该位于洞的西北方向)。嘉靖二十年(1541)(译者注：《普陀山志》《重修普陀山志》写为“嘉靖三十二年”)，总督胡宗宪迁殿宇于定海招宝山，并在那里迎接了大士像，而将余舍尽焚。这样，明代时候，焚殿宇一次，迁大士像两次，据说这些是由倭寇引起的。隆庆元年(1567)(译者注：《普陀山志》《重修普陀山志》写为“隆庆六年”)，一山稍为修复。万历六年(1678)，僧人真表创天王殿、云会堂。十四年，建藏经殿以及静室五十三处。二十六年，寺院遇火，金石俱毁，唯大士像免遭一劫。三十三年，重建圆通殿，赐额。曹洞法系真歇清了为开山祖，就是在这个时候。接着到了清代，顺治八年(1651)夏，寺院遇火，唯大殿独存。康熙二十八年(1689)，敕而重建佛殿。二十九年，住持潮音和法雨寺住持别庵一起鼎力阐扬宗教，两人都是属于临济法系。三十八年，敕而重修，并改名为普济禅寺。雍正九年(1731)，敕修建。以上概述了殿宇的沿革。

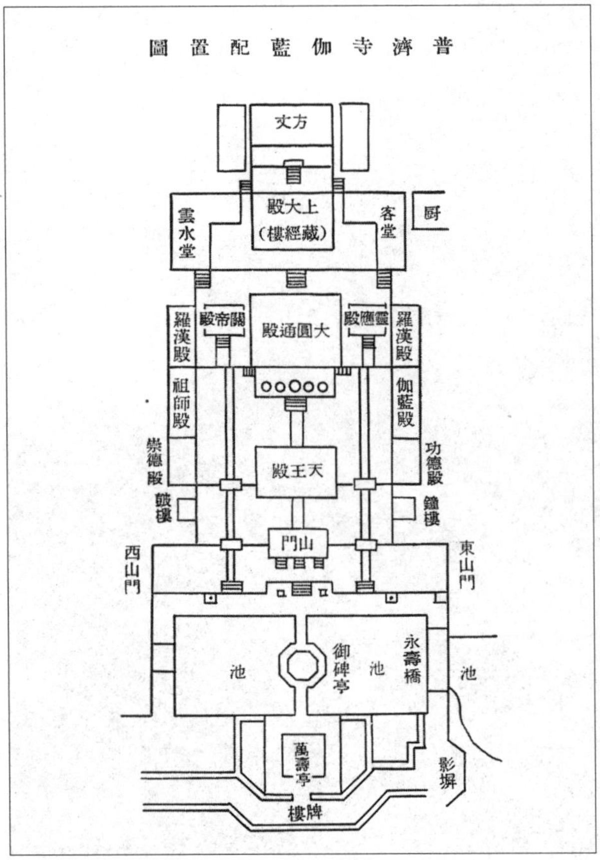

由此可知，现在的建置是康熙年间重建、雍正年间修建的，两者都是据敕而进行的。这说明大士信仰有多么深入人心。

现存的建置可以用鸟瞰图来表示：万寿亭、天王殿、大圆通殿、藏经楼这四大前后重叠的大殿为中轴，其右边是鼓楼、祖师殿、罗汉殿、关帝殿，其左边是钟楼、伽蓝殿、罗汉殿、灵应殿。而藏经楼的左右还有客堂，背后有方丈。寺区规模宏壮雄大，在中国寺院中首屈一指(图116-1、图114)。

天王殿内，正面有皆大欢喜的弥勒像，背面是韦陀像，四方则安置了四天王像，这些和其他寺院没有差别。但是，四天王的方位却不甚相同。根据《志》卷三：大圆通殿，七间十五架，广十四丈，纵八丈八尺。该殿以观音像为中心，左右后三面，有三十二尊像，其中有菩萨形，也有罗汉形。这大概就是三十二圆通。笔者试问之却不甚明了(图114)。万历十四年(1586)朝廷赐六百七十八函，二十七年再赐，同年三赐。藏经阁是为存放这些御赐而存在的，阁以弥

普濟寺伽藍配置圖

普济寺伽蓝配置图

陀三尊坐像为中心，右方是阿弥陀如来，左边是栴檀香如来的立像。

普济寺的宗旨在宋代之前似乎属于律宗。宋末，曹洞宗真歇清了改律为禅后，普济寺才开始成为禅寺。继承真歇衣钵的后人中有自得慧晖，他最初跟随真歇，以后学于宏智，并嗣其法。在这个时代，补陀与天童一同弘扬曹门。后来，继承临济法系的人当中，有《五灯会元》的作者——大川普济，还有天童竺西坦的法嗣元代孚中怀信。孚中居普济寺有十四载，其《五会语录》在世间流传广泛。此外，还有径山端的法嗣古鼎祖铭以及清朝潮音通旭。潮音在住山的十年中，改革八十余年之陋习，以兴百废。这样，普济寺由曹洞宗门派确立为禅寺，而现在属于临济法系。《普陀山志》凡例中写道："真歇开山，而今已非真歇法乳……菩萨无亲，惟德是辅。"这似乎是通过舞文来揶揄后世子孙不随祖先之意。（常盘大定 文）

图116-1・普陀山・普济寺・全景

普門

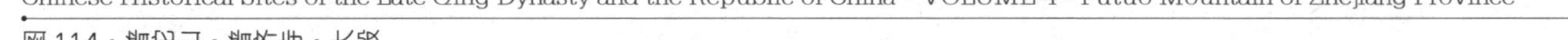

图 114 · 普陀山 · 普济寺 · 大殿

法雨寺

敕建赐额法雨禅寺在白华顶左、光熙峰下。《普陀山志》卷三和卷二记载道:法雨寺乃大智禅师建于明万历八年(1580)。大智，讳真融，自峨眉来，礼洛伽，见光熙峰泉石幽胜，遂结茅以居，题曰海潮庵，渐建圆通等殿，云云。书中还称赞大智禅师说:时值禅教中衰，师持戒精严，与云栖、憨山、紫柏诸老同时杰出，而实行伟功较诸老尤称盛。二十二年，吴郡守改额曰海潮寺。三十三年，大智禅师之徒增建殿宇，规制宏丽。三十四年，敕赐寺额，曰护国镇海禅寺。

到了清代，康熙二十六年(1687)，根据陈提督等人的请求，别庵性统禅师入住禅寺。别庵是大慧的嫡派，他殚力经营，大唱禅宗，是年，法苑重光建藏经阁等。二十八年，由于黄总镇启奏名山废坠状，

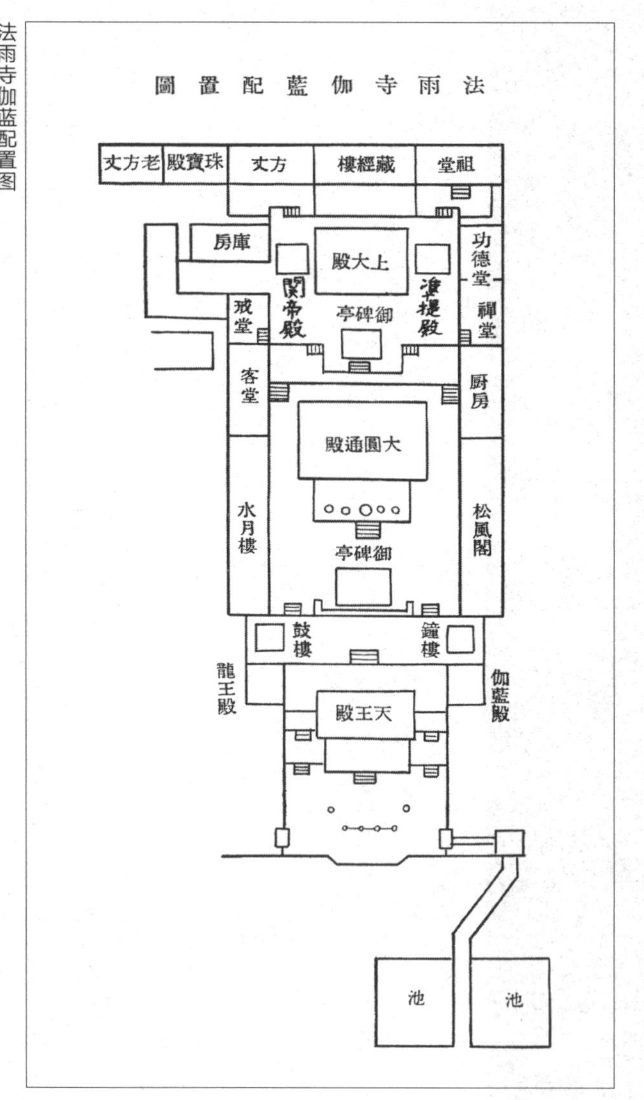

法雨寺伽蓝配置图

遂赐帑重建大殿。三十八年，圣驾南巡，又赉帑，上意赐名"法雨禅寺"。住持性统是学者，著有《续灯正统》《高峰宗旨》等许多著作。雍正九年（1731），赐帑七万，重修大雄、大圆通两殿。

由此可知，法雨寺的现存建置和普济寺一样，都是康熙年间重建，雍正年间重修后留下的。

参照现存建置的俯视图可知，寺的中心为天王殿、玉佛殿、大圆通殿（九龙殿）、寿亭、大雄殿、藏经楼，四大二小、一共六个殿，前后重叠。其右边有鼓楼、水月楼，左边有钟楼、松风阁。

图116-2·法雨寺·玉佛殿

天王殿中，正面有弥勒，背面有韦陀，这与一般的天王殿没有两样，而四天王的方位有异于普济寺。玉佛殿（图116-2）的中央安放着近代的大士巨坐像，左边的小龛中安放着南北朝时代的三尊玉像。南北朝的玉像是普陀全山中最为杰出的作品（图117）。《普陀山志》卷三记载道：大圆通殿七间十五架，广十二丈七尺，纵八丈二尺（图115）。该殿以观音萨埵为主尊，左右有十八罗汉。十八罗汉中有一体着洋装。即所谓马可波罗式之变形。大雄殿俗称上大殿，以释迦、弥陀、药师三尊为中心，前有观音，前方左右有两尊立罗汉，再过去，右边为普贤，左边为文殊。

这里简单介绍藏经楼中所藏的《大藏经》的历史。万历二十七年，和宝陀禅寺一样，朝廷赐海潮寺六百七十八函的藏经。同三十三年，宝莲如光成为住持之时，朝廷赐南北二藏。同三十九年，再赐镇海寺，所赐藏经与二十七年相同。海潮寺和镇海寺都是法雨寺的古名。

下面简单叙述法雨寺宗旨的变化。明万历八年开山的大智禅师不属于临济宗，应该是戒律宗。到了清康熙年间，别庵再兴，他作为大慧的嫡派弘扬临济宗的宗风，之后很长一段时间，该寺住持都是由临济宗派的人继承。到了乾隆年间，该寺才开始属于曹洞宗。因此，《普陀山志》凡例中写道：普济寺背反开山洞门，后世非其法乳。而有关法雨寺的情况记述道："大智开山，而今亦非大智嫡嗣。"而关于两寺的如此变化，该书总结道："菩萨无亲，惟德是辅。"《山志》编撰于乾隆四年，两寺都属于济门，而法雨寺与中兴开山济门别庵的法系不同，如今是洞门。两寺如今的宗门与开山的时候都不一样，《山志》对这一类的变化进行了委婉的批判。（常盘大定 文）

图 117・普陀山・法雨寺・玉佛殿内三尊石佛

图 115 · 普陀山 · 法雨寺 · 大殿

敕建南海普陀山境全圖
東址日本琉球界
山開梁代佛顯南天
著羅迦之勝蹟追慧
鍔之遺蹤曉夜潮音
六朝鐵殿晨昏鐘鼓
二梵金仙朱甍炫耀
五宇澄鮮頌慈悲於
大士沐感應於微
四海梯航緇黃雲集
九州瞻仰善信
輝煌宮刹繚繞
皇圖永固
聖天綿延今來古往
百千萬年
南址鎮海寧波界
藏經閣
方丈
天王殿
法雨禪寺
雙泉庵

图118 · 普陀山境全图

图118乃笔者在普陀山中所藏的普陀山境全图。

译后记

本书从2008年开始翻译，2009年4月交第一稿，2015年2月再次修改，4月交第二稿，2017年3月校稿。

作者在写作中参考、引用了大量中华古籍。在本书的翻译中，译者也常常需要翻阅这些古籍。译者参考的古籍有:《两浙金石志》(清·阮元撰，江苏古籍出版社)，《语石校注》(清·叶昌炽撰，韩锐校注，今日中国出版社，1995)，《金石萃编》(清·王昶撰，江苏古籍出版社)，《禅宗全书》(蓝吉富主编，文殊出版社，1988—1990)，《尔雅译注》(胡奇光、方环海撰，上海古籍出版社，1999)，《大昭庆律寺志》(清·吴树虚著，杭州出版社，2007)，《杭州府志》(清·龚嘉儁修，李格纂，成文出版社)，《释氏稽古略·续集》(元·释觉岸，明·释幻轮撰，江苏广陵古籍刻印社，1992)，《佛祖统纪》(宋·释志磐撰，日本早稻田大学图书馆藏)，《中国佛寺史志汇刊》(第一、二辑)(李润海监印，杜洁祥主编，明文书局，1980)，《续修四库全书·普陀山志》(清·许琰撰)，《续修四库全书·茅山志》(元·刘大彬撰)，《武林掌故丛编·云林寺续志》(清·沈鑅彪撰)，《乾隆绍兴府志》(清·李亨特撰)，《文渊阁四库全书(电子版)》(上海人民出版社，1999)等。

译者参考了这些古籍，尽量使引文的翻译接近于古籍原文的文字。但由于这是翻译，译者并没有在所有的地方都完全照抄古籍原文，有些地方作者原本就是摘译为日语，汉语译文也相应地使用间接引语式的写法。另外，有些地方虽然原文照抄，但参照作者的写法没有特别加上引号。因此，作者的文字与引用古籍的文字常常混在一起。译者通常是将日语原文翻译为汉语，然后查找作者参考的中华古籍，再根据古籍原文进行修改，尽量使文字接近古籍原文，但有些地方经权衡之后仍旧保留作者使用的文字。

原书出版的时间较早，文中出现较多文字脱落、用字错误的情况，有些明显的印刷错误根据编辑的要求，在译文中进行了修改。有些地方使用译注标示出来。原书引用的中华古籍有些地方与译者参考的书籍有文字上的不同，例如，原书引用《四十二章经跋》(图50拓本)有“翔翺踊跃”的文字，而译者参考的《文渊阁四库全书·六艺之一录》写为“翺翔踊跃”。又如，原书从《两浙金石志》引用《吴越王钱俶黄妃塔记》，有“万机之下，口不辍颂释氏之书，手不停披释氏之兴者，盖有深旨焉。……塔之成日，又镌《华严》诸经。”的文字，这与译者查阅的《历代碑志丛书·两浙金石志》一样，但与《文渊阁四库全书·武林梵志(卷三)》(“万机之暇，口不辍诵释氏之书，手不停披释氏之典者，盖有深旨焉。……塔成之日，又镌《华严》诸经。”)不同。译者不考究哪种写法是正确的问题，尽量按忠实于原文即原书作者常盘大定和关野贞书写的原文的原则照抄。原书目录的标题与正文的标题有不一致之处，如，在介绍梵天讲寺一文里，正文有“梵天寺石幢”的小标题，而在目录里却写为“门外石幢”。译文将二者统一起来。译者还对有明显错误的地方进行更正，例如，原书从《两浙金石志》引用了吴延爽的《造塔记》，其引文有“为睹此上承角亢”的文字，这个引文在后文又重复出现一次，但写为“为睹此山上承角亢”，多了一个“山”字，前后引文的不同表明其中有一处是错误的。译者参考《两浙金石志》，以“为睹此山上承角亢”为正。

本书由黄文溥和倪锦丹翻译，初稿译完后，互相对彼此所承担的部分进行校对和修改，以后黄文溥又多次反复校对和修改。

黄文溥